好好爱

梦里花会开

最美三毛

李丽 著

新世界出版社
NEW WORLD PRESS

图书在版编目（CIP）数据

好好爱，梦里花会开：最美三毛／李丽著．—北京：新世界出版社，2014.5

ISBN 978-7-5104-4272-8

Ⅰ．①好… Ⅱ．①李… Ⅲ．①三毛（1943～1991）－人物研究 Ⅳ．①K825.6

中国版本图书馆CIP数据核字（2014）第081219号

好好爱，梦里花会开：最美三毛

作　　者：李　丽
责任编辑：谭　慧　周　珊
责任印制：李一鸣　黄厚清
出版发行：新世界出版社
社　　址：北京市西城区百万庄大街24号（100037）
发行部：（010）6899 5968　　（010）6899 8733（传真）
总编室：（010）6899 5424　　（010）6832 6679（传真）
http://www.nwp.cn
http://www.newworld-press.com
版权部：+86 10 6899 6306
版权部电子信箱：frank@nwp.com.cn
印刷：北京中印联印务有限公司
经销：新华书店
开本：880×1230　1/32
字数：170千字　　**印张**：7.25
版次：2014年8月第1版　2014年8月第1次印刷
书号：ISBN 978-7-5104-4272-8
定价：29.80元

序言

（一）

梦里花已开

你在夜空下孑然独行
缥缥缈缈的随风而动
寒津津的空气穿透你的袍
不晓怜惜的风吹乱你的发
我多怕你的单薄无法抵御夜的暗沉
我多怕冬日的冰冷触到你温润的心
我怕啊，我怕啊
我怕你寒彻了心，永远地逝去

你在天地间步伐活跃
轻轻快快的若同重生
飞舞的衣袂间并没有悲戚的哀伤
漆黑的发丝间也没有飘忽的恐慌
我想哭你的永远逝去的孱弱躯体
我想哭你的寂然停止的鲜活生息
我哭啊，我哭啊
我哭着哭着却又生欣喜

因为你慢慢地走来了
在我的耳边轻轻地言说
你心上的温暖永不消逝
我便明了了
你不是离去，而是涅槃

清风在天地间自在地飘摇
妖娆的柳枝风情地舞动纤细的腰
鹅黄色的草儿跟随着万物的节奏整齐地欢跳
我感觉到丝线一般的风儿在我的脚踝间缠绕
柔柔的仿若牵住了心儿一般的曼妙
满身的愉悦哪还管风丝儿将双腿缠牢
慢慢地我将担忧的心儿放好
随着清风迈开大步在无际的天地间纵情奔跑

我已听不见世事喧嚣
我也看不见俗事吵闹
自由的心儿也已记不起多情的纷扰
脸颊上的脂粉默然散去了
欣喜的耳朵听着风儿在一旁与树叶儿说笑
我释然地将心儿洒向大地逐风逍遥
舒展的手臂向四边无限地招
直到风儿累了休憩在树梢
我才停下步伐来歇歇踏在云上的脚

——了了

（二）

不逝的温暖

若要讲起三毛，便要从巴渝讲起，那里有江山环绕，有浓浓的文化味道。人们常说巴渝女子外在温柔如水，内心却是满满的英气。三毛在这座城市出生，我便相信了这些传言应当是对的。

三毛温柔，一个女子热衷于烹饪，享受自己居所内的每一处细小装饰。同时她又挚爱着文字，崇尚着浪漫。她对生活有着透彻的认识，喜欢用温柔细腻的嗓音讲话，又喜欢拖着绵长的嗓音柔柔地唱《在那遥远的地方》。试想一个长发的女子，着一袭白裙，在暖暖的和风中轻笑，无论她的生平如何，我们都会认定她是一位内心柔软的女子。

若说三毛是充满英豪气质的女子，我也是绝对不会反驳的。别的不言，二十出头的女孩子可以只身远去，往千万里外的他乡，这便是一种寻常女子没有的勇气。在六七十年代于撒哈拉沙漠中经历着战争时，还每日饶有兴趣地欣赏着芳邻们种种啼笑皆非的举动，并可以用轻快诙谐的心境来描写和面对着身边的一切，我想不管这个女子日后怎样的平凡琐碎，她的心中一定有着坚定的英雄气节。

纵是如此，可她的文字总是透露着灵魂的惬意与生活的静好。纵是那失去爱情后心中无法愈合的伤痕，在她的笔下也总能将哀伤若片片落花般轻散。虽然那深深的悲戚让人读来默然心痛，但是总也没有让人觉得灰暗不可散去，仿佛她所言说的痛楚也好似如她本人一般善解人意，不会给人尖利的疼痛。她总是让人的心暖暖的，即使是痛，也并不会直击心扉。

世人总言热爱文字的女子都是内心充斥着唯美与梦幻的纤细柔美之辈。故此有人认为若要叙写三毛的生平，定要将文字做得华美温婉。我对此却不以为然，我心中的三毛是简单的，随性的，若要写她，我定要用心中最切实的感悟，用白水一般的文字淡淡地描画。若是浓墨重彩，我怕脏了心中那一位身着白衫的女子那轻轻荡起的洁净衣袂。

若说起三毛，必定是要说荷西的。那个稚嫩帅气的“表弟”，那个忠于自己的爱情的大胡子。那个坚持等待的，着风衣抱着三毛在风中飞转的痴情男子，那个在沙漠中的小教堂里许诺给三毛一生幸福的大丈夫。

这个从十七岁就认定自己心的归宿，将一生的爱情都付与三毛的真挚大男孩，用了六年的等待感动三毛，用了平生的所有护佑三毛。他在三毛的生命中若影随行，从来不曾离去。荷西曾说他们是不死鸟，会永生永世地在一起依傍着翱翔。然而造化的捉弄，使得这一对神仙眷侣一个早早离去，另一个失了心在尘世间孤单游荡。

最完整的爱情，也许就是如三毛与荷西这般，享受过静好的岁月，终也奏着凄婉的离歌。荷西的离去带走了三毛的心，三毛的哀戚染伤我们所有爱她人心中崇尚爱情的那一份执着。关于爱情，三毛总是明确的，必不会躲闪，坦然相对。像她与王洛宾的爱情之花没有绚烂绽放，但是这并不能否认爱情曾经来过。只是时间没能让这份爱情跟上。

说三毛，不得不说的是那一天。

一九九一年一月四日，我总觉得那应该是一个阴霾天，但在心中我又期望那是一个艳阳天，因为我怕冬季的凛冽寒风吹伤了那一抹单薄的灵魂。

那一日凌晨，三毛在台北士林区荣民总医院病房卫生间里，用丝袜上吊自杀身亡。在这个还未到深冬的日子里，三毛生命的结束让这一年最寒冷的日子瞬间来临了。不能相信这样一位乐观豁达的女子会如此轻描淡写地结束自己的生命，那位一直用暖暖的温柔写尽世间美好的女子竟会用这样冰冷的方式离开。甚至有人抵触三毛的价值，这样一个教人乐观向上的女子轻易放弃生命，有人无法释怀三毛的自相矛盾。

可她的父亲陈嗣庆这样说："我女儿常说，生命不在于长短，而在于是否痛快地活过。我想这个说法也就是：确实掌握住人生的意义而生活。在这一点上，我虽然心痛她的燃烧，可是同意。"

父女间真正的心有灵犀。三毛一生热烈活过，哪怕她的身体离去了，那绚烂的梦想依然温暖人心——桀骜不驯的性情，捕捉美好的眼睛，创造生活的灵性，对人性纯真善良的信仰——我想，这大致便是这个善良的女子在走过的地方留下的芬芳吧。

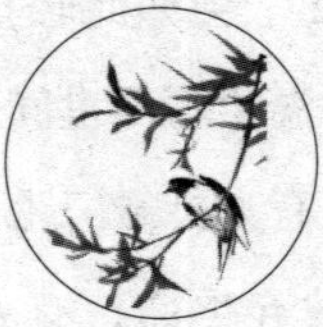

目录

今生就这样开始

我的故乡在远方

时间给的答案

但愿人长久

滚滚红尘

梦里花落知多少

附录

今生就这样开始

静观人世与土地，这平淡无奇的快乐在三毛的生命里显得尤为深远而悠长。也许，这和她出生在春天有关。那个硝烟弥漫的三月，她带着春的使命开始撒播希望与温暖。

世间最平和的快乐

让那些永不醒觉的人自生自灭好了，如果他们抱怨，我们把耳朵塞起来，因为他们不肯对人生、对世界、对生命，有一丝一毫感激的心。我也喜欢把快乐当成一种传染病，每天将它感染给我所接触的社会和人群。最深最平和的快乐，就是静观天地与人世，慢慢品味出它的美与和谐。这份快乐，乍一看也许平淡无奇，事实上它深远而悠长，在我，生命的享受就在其中了。

——三毛

1943年杨柳泛起鹅黄的三月里，大地上春的气息还没有舒展开来。阳春三月，生机盎然，再美好不过的季节，然而在那年的硝烟中，春天好似胆小的姑娘穿了人生第一件像样的衣服般来得羞涩而躲闪。我想在那样的年华里，生命的气息也都该来得那样的寂然——除了三毛。在那个战火缠绵的春天里，她在乱世一隅的重庆来得潇洒。仿佛带着春的使命一般，提醒家人消逝在战火中的春天已经来临。

三毛父亲陈嗣庆先生祖籍河南，毕业于复旦大学法律系，同长兄一样皆从律师之职。有一次，父亲同三毛谈起自己的事业时伤感地说道："你知道吗？爹爹一生的理想并不是做律师，爹爹一生想做的是运动家或者艺术家。当年祖父将爹爹小学一年级就送去住校，跟着一群英国老师，一直到念大学都是孤孤单单的。有什么理想也不敢告诉家里大人，大人说念法律就念了。”

陈父将此话讲与爱女三毛，是想告知女儿一生要随心而为，不必受父母牵绊约束而埋没自己的心。父亲的开明豁达，才让三毛有了那样如风的气质和孑然独行的人生。

人生若想要快活，便要随心而发。无论是年少时对生命一无所知，还是长大后对人生百样认识，心中的期许应是未来最好的归宿，莫要计较它的得失与结果，只要在想拥有它的时候努力为之而奋斗，那便是快乐的。人在世几十载，光阴匆匆自然是不会等人的，所以总应该在有限的人生中，尽可能地将自己的爱好作为一生的事业。不为取悦他人，只为讨好自己。心在岁月的尘埃中本就是辛苦的，多迎合一下它的偏好，才不致让它太过劳累。

三毛的母亲缪进兰比陈嗣庆小了一岁。她与丈夫当初结识，可谓“情不知所起，一往而深”。在爱情驱使下，这位上海沪江大学新闻系的才女，放弃了学习，嫁给当年那个俊朗不凡的青年。三毛幼时曾听母亲轻言过一句：“你们爸爸，是不够爱我的。”虽然当时三毛尚且不谙世事，然而母亲的这句话还是如尖钉一般在她的心中刺痛了半生。直到三毛最小的弟弟成婚之际，父亲对着宾友说了那样几句简言，才使得她相信了父母的爱情，也让母亲看到了自己相与一生的丈夫心中那深沉的爱。

陈先生这样讲：“我同时要深深感谢我的妻子，如果不是她，我不能够得到这四个诚诚恳恳、正正当当的孩子，如果不是她，我不能够拥有一个美满的家庭……”

爱情便是这样的吧。没有绚丽的色彩，没有耀眼的华服，只是一场安稳的相濡以沫，和静好的默然欢喜。有时便想，如何经营一份爱情才能使它在生生世世间永恒？年少时与那个心仪的爱人为着让彼此的那一份曼妙的爱情能够一直存留，曾在阴雨的夜中不管不顾地跑到郊野的树林中一起去寻一块坚硬的石块，打磨干净后，兴兴地刻上两人的名字，用桃心圈起，埋在灌木下。美美地想着，这样爱情便永世不会离弃。事隔多年后，物是人非，早已记不起那石头的细致模样，偶尔兴起，去到那时的林中寻觅，在灌木丛中走累了双脚，也实在寻不出那年标了记号的洋槐树，而那块象征爱情的磐石亦是踪迹杳无。

成年后才知，漫天飞舞的浪漫是不足以撑起一生的厮守的，真正长久的爱情是如陈家夫妻这般，可以用一生的缄默与坚韧为自己心仪的爱人经营一个温暖的避风之港。这样的爱情令人艳羡。

三毛曾在《永恒的母亲》中这样讲起自己的母亲。她说：

母亲的一生，看来平凡，但是她是伟大的，在这四十多年与父亲结缡的日子里，从来没有看过一次她发脾气的样子，她是一个永远不生气的母亲。这不因为她懦弱，相反的，这是她的坚强。四十多年来，母亲生活在“无我”的意识里，她就如一棵大树，在任何情况的风雨里，护住父亲和我们四个孩子。她从来没有讲过一次爱父亲的话，可是，一旦父亲延迟回家晚餐的时候，母亲总是叫我们孩子先吃，而她自己，硬是饿着，等待父亲的归来。一生如是。

那日年少捧书读到此处，方才知晓，爱情原来是这般模样。

少时轻狂，一直以为爱情应当是扑面而来的浪漫，所以总对父母在一起的方式表示不以为然。事实上，他们为无数琐事争执了几十年，却从未提过分开。口口声声爱情至上的人却总是不停分手，不停更新爱情，不停享受着花样百出的浪漫，直到有一日在路灯下看见自己第十七个男朋友单膝跪在一个女孩前，对着她唱一月前向自己表白的那首情歌时，这才在泪眼模糊中看到，父母对峙的姿势多么像一棵长在山壁边的劲松，坚韧而有力。而自己所谓的爱情却像是路边那棵被虫蛀得千疮百孔的枯梧桐，一碰就恨不得灰飞烟灭。

一个家庭的开始来自爱情的美好。当这种美好升华开来，它便是饭桌上冒着热气的菜肴，是衣柜边笑得灿烂的全家福，是鞋柜上静然相依的大小拖鞋，是其乐融融的一家大小，更是一生相守的安然的心。

三毛曾讲自己是一个“空心”的江洋大盗，且为盗时必六亲不认。她纵观家中，父母安分守己，姐姐敦厚老实，大弟心地纯良，都不足以盗来处世之道。唯有家中的这个幺弟令她刮目相看，所以单等他成人之后盗些厚黑登龙之术来，不料却看错了人。此娃娃长大后子承父业，成了一位严谨博学的少年。

三毛的家庭便是这样的，美好而丰富，多趣而博爱。她在这样一个淡然平静，美满充盈的家中，何愁不成为一个自在随性的女子呢?

家是什么？是树与根的相连，是爱与爱的相交，是心与心的相印，是不离不弃的坚决，是生死相依的热烈，是深深呵护“爱”与“情”的那笃定的期许。

总觉得爱与家一样都应该是一种传承，是一项传子传孙的绵长事业。它的美好不会局限在一个框架中。就譬如父母的爱在潜移默化中就会传给子女，在他们成人后一定又会将这份爱扩散开来，然后一边返回给父母，一边又传递给下一代人。

就这样。爱，不绝。

岁月静好便是真快乐

真正的快乐，不是狂喜，亦不是苦痛，在我很主观地来说，它是细水长流，碧海无波，在芸芸众生里做一个普通的人，享受生命一霎间的喜悦，那么我们即使不死，也在天堂里了。

——三毛

“快乐”两个字从红口白牙中讲出，便带着轻快与伶俐。好似舌尖的一个起伏都是用不上的，两个字自己携了手蹦蹦跳跳地便脱口而出了。

快乐的好处也就在这里了。它每次到来都带着轻快，好似一个动作矫健的武生。利落的前桥柔中带刚，一连串地打起来脚尖点地的声响那样清脆，听了便让人想要喝彩。

与我们而言，快乐就是上帝挂在高处的葡萄，我们努力地上蹿下跳，筋疲力尽时才能得到的那一小颗，就是快乐。幼时的三毛却是不同的，她的葡萄就在手边。就因着她的生动、自由与博爱，上天便是这样怜爱地将快乐放在她触手可及的地方。她的生而不凡，亦是得到了比我们多出许多的快乐。这是上天的溺爱恩赐，我们可望而不可即。

三毛渴望文字，她便生在了书香之家。三毛自由随行，她的父母便开明豁达。我们羡极了她的生活，就连她想吃土豆时，晚餐桌上的那一杯土豆泥亦是让我们浮想出万种美妙滋味。

她的心总是被满足的，那样轻易、自在而安乐。这也许是因着她的心简单纯净，但是，若说是上天偏爱也未置可否。上天给予她葡萄，难能可贵的是，她对葡萄百吃不厌。想来也只有她，才配得上这份多出的宠爱。

三毛的一生也有如许的快乐，最最纯净和极致的应该是儿时那几年的光阴。彼时的小女孩没有学业压迫，没有世事纷扰，一任那颗洁然的心在快乐的天堂里飞奔，我总在想，那时的她该是有多少快乐啊？天真如三毛，怕是也数不清的。

人一生不过几十载的时光，在转瞬之间便会从指缝间消逝。有些人天生便是快乐的，他们将快乐生而带来，死而带去，自己快活一世便也罢了，与旁人是鲜有关系的。有些人天生便是没有快乐的，他们的一生所能涉及的快乐，便也只能是别人因他们而获得的快乐，故此，快乐只在他们眼睛里，自己视而不见，别人可来寻欢。与这二者相较，有一种人便是幸运的，他们生就带着快乐的使命，自身的快乐自不必说，给他人的快乐也随时背在自己的行囊中，所行之处，便如花瓣一般将快乐抛撒开来。这样的人将快乐当作一种传染病，自己乐在其中，同时也将快乐染就他人。这样一生一世便四面八方都是快乐的。

三毛应该就是天生带着快乐的人。她的快乐亦是来自她的内心，同时她也将这些快乐毫不吝啬地给予他人。所以我的心中三毛所在的那一方心土是实实在在的快乐之地。

幼时三毛是自由的。自由到她的名字都是自己取。三毛本名陈懋平，因为当时还是小丫头的她认为“懋”字繁杂稠密，实在难写，所以十分坚定地为自己易名陈平。不仅如此，她还将姓氏中“陈”字的耳朵从左边搬到右边，把原本父亲在为她取名时的一片期许和平的心血搞了个面目全非。后来豁达开明的家人不但没有责备她的幼稚顽劣，还将其他兄妹名讳中代表排行的“懋”字都拿去了。

自由的人，快乐必如影随形。无论是自由还是快乐本质上都一样的美好。

幼时的三毛是博爱的。那时家中有一个逃荒而来的佣人兰瑛，同来的还有她的一个与三毛年纪相仿的儿子马蹄子。那孩子长了一个癞痢头，甚是爱哭。但是作为三毛的唯一玩伴，三毛还是很懂事地将自己的所有玩具都给了他。

三毛的博爱到了后面变成一种逃避式的相处。在她实在受不了马蹄子的哭声后，只得留下所有的玩物，独自逃到家中唯一的书房里享受安逸的童年。

博爱的人应该也是快乐的。倒不是因为博爱有时也叫快乐，只是因为她将爱献给许多人，而这些人又将自己的快乐献给她。这样传来递去，赠人玫瑰，自然手有余香。

三毛幼时是生动的。生动到这个稚嫩小童尚未识字，便已学会了读书。三毛三岁时，举家从重庆迁至南京的头条街四号。在南京的新家是一个由两个小家庭组成的大集体，家中的大人们为了给孩子们一个满溢书香气息的家庭氛围，便在自家的阁楼一隅辟了一个小天地专门藏书，家中的大孩子们都将这个小屋叫作“图书馆”。

幼时的三毛最爱的去处便是这个安静淡然的小屋，尽管每每在图书馆中读书忘了吃饭的时间而被母亲和佣人责骂，她还是固执地每日乐此不疲地在小屋中看那些令她神往的画册。《三毛流浪记》是三毛人生的第一本书，读完这本张乐平先生的儿童画册后，她一发而不可收地在两三岁的年纪里爱上了阅读，之后她读完了图书馆中所有她能看懂的书籍。《木偶奇遇记》《格林兄弟童话》《安徒生童话集》《爱的教育》《苦儿寻母记》《爱丽丝漫游仙境》等这一系列的儿童读物，用三毛的话说，都是在那一时期“玩”过的。那时的毛丫头也只不过三岁罢了，天知道她是如何看懂这些宝贝的。

后来三毛回忆：

那时候，看了图画、封面和字的形状，我就拿了去问哥哥姐姐们，这本书叫什么名字，这小孩为什么画他哭，书里说些什么事情，问来问去，便都记住了。

天下间便是有这样一种人的，天生的灵性，天赐的聪颖，生而具备的艺术情怀。无论一生中有多少坎坷昏暗，血液中这些仿如灵魂一般的东西是不管如何也丢不掉的，不只是不会逝去，且会在人生不能确定的某一阶段光明璀璨地爆发出来，带着炽烈的光芒宏大而震撼地舒展在世人面前，令世人沉醉、痴爱。三毛便是这样的女子吧，上天给予她的总是比旁人多一些的。

三毛的幼时便是这样自由、博爱而生动。仿如一朵亭亭静默的未开出花朵的百合，在不被他人看见的河池一角淡然地漂浮生长；在岁月的轮换中孤芳自赏，暗嗅自己包裹在蕊中的清香。我想如有一日这朵花儿盛放在太阳下，那该是有多么令人惊叹的美啊。一个能够拥有这般绝世美好的女子，她的将来会是怎样的绚丽多姿啊。

1948年，国民党空军起义，炸毁总统府。时局变动，不得已，陈家一家人便是在这一年举家迁至台湾。三毛儿时的记忆中，就是母亲在中兴轮上吐得快要死去，仿佛过了一个世纪之后，才来到了台湾。日子安定了下来。

时光啊，总是这样，生活美好时，它行色匆匆。坎坷羁绊时，它举步维艰。反正总也是不能让人如意的。等有一日我们松开时光的尾巴，不再在这个我们无法改变的事情上过多地计较，我们也许便可永得安宁了。

时光也好，快乐也罢，都是由心而发。只要心中有美好的信念，纵是肉体逝去，灵魂也会永存。只要随心而动，纵是艰难，也是快乐。

混在念书里的欢乐

我从来没有妄想在书本里求功名，以至于看起书来，更是如鱼得水，“游于艺”是最高的境界，在那儿，我的确得到了想像不出的愉快时光，至于顿悟和启示，那都是混在念书的欢乐里一起来的，没有丝毫强求。

——三毛

尘世如此烦扰，已许久不看春花秋月、乱红秋千。并非不想念，只是生活好像永远也没有闲暇一般，整日间便是忙碌。一如那滴滴答答的老时钟晃荡的秒针，一时一刻也不得停歇。

偶尔偷得浮生半日闲，走出繁华，走进山林，站在山巅处效一番仙人的遗世独立，美美地看风吹起白色衣袂时，脑中却不合时宜的“哐当”一声，平白地想起了那恼人的营业报表还未做。于是乘兴而去，败兴而归。好似一个初次约会的男子遇到了一个曼妙的女郎，欣喜若狂之际，那女郎却张口露出一排油腻腻的黄板牙。

风景看不得，只能在书本水墨中寻一寻青山眉黛，烟云缭绕。

不想，翻看下来，竟更觉得有滋味。读一页发黄的线装旧书，竟仿若置身于一个荒废老戏院，虽已不见旧时繁盛，站在那斑驳的戏台前，依稀还是可以看见红袖的女旦莲步轻慢，拖着那咿咿呀呀的长腔回眸笑来。那温软的音调像是一根丝线在心中游走，更像极了技高的戏子绕梁的余音。

无暇行万里路，有心读万卷书，亦是乐事。

三毛，在经历了五载春秋轮换后，还对自己那双渴望美的眼睛一知半解。当她举家来到台湾后，人生中那半卷美好的水墨才缓缓地铺展开来。

那一年，毛丫头三毛眼中是没有战争的烟火的。她在《赤足天使——鞋子的故事》中曾这样欣喜地写道：

到了台湾，大人背井离乡，在离乱的大时代里，丢弃了故乡一切的一切，想来在他们的内心是感触极深的。可是做孩子的我们，哪懂那些天高地厚的道理，当我从中兴轮上下来，进了台北建国北路那幢小小的日式房子，发觉每一个人都要脱鞋才能上榻榻米的地时，简直没将我高兴得发狂，跟着堂哥和姐姐尽情地又叫又跳，又低头看着自己完全释放的光脚丫，真是自由得心花怒放。又记得为了大家打赤足，堂哥竟乱叫着：“解放了！解放了！”

三毛的言辞间尽是初到新家的美好，全然没有发现当时父母离乡的悲愁。年幼的孩童，自由总是最重要的。连鞋袜的束缚都可以免去了，教她如何不欣喜。我总说，自由便是快活的，快活亦是自由的，看来言之无误。

三毛初入校门时十分欣喜，不为旁的，只为在以后的日子里她便可以自由自在地在书海中悠荡。

每每发下新书，三毛便在母亲包好书皮的第一时间里将书大声朗读一遍，而后便再不觉得此书新鲜。不但如此，她甚至还将自己的这一感悟传达给了自己的老师。她跟老师抱怨说：编书的人为什么不把书编得深一些，把我们小孩子当傻瓜。虽然因为这一举动，她受了老师的一顿责骂，但是年幼的三毛一心沉浸在阅读的快乐中，并未将此事放在心上。

好一个不凡的小女孩，世间的寻常果不入她的法眼。天生的真实，天生狷狂，亦是天生的卓尔不群。

幼时我们也许曾经发现同样的问题，只是我们从不言说，因为书本简易学业上便轻松些，可以不那么为难。最重要的是，自小的概念里，书是一个衡量对错的标尺，它不会有错。纵是错了，那也应该是对的。

这就好比皇帝的新衣，有和没有间只是一个观众是否诚实的问题。由此看来，我们自小便比三毛多了一分虚伪，少了一分赤诚。

因为课本的简单稀少，小丫头便弃下课本，“转战”课外读物。当《学友》和《东方少年》被她翻旧之后，她便又将眼睛盯在了二堂哥书堆中的鲁迅、巴金、老舍、周作人、郁达夫上。

这些当时被称作“有毒”的书籍被大量焚烧之后，对三毛一生影响深远的建国书店便适时地出现了。《森林中的小屋》《梅河岸上》《草原上的屋》《农夫的孩子》《银湖之滨》《黄金时代》等这些劳拉·英格尔的故事书亦是读疯了当时为书癫狂的黄毛小丫头。

书中的颜如玉，书中的黄金屋许是会勾人魂魄的妖魔吧，但那又如何，真真的快乐方才是最重要的。春是姣美，夏是生气，秋是温润，冬是圣洁，但那又怎样，反正有的是时光，来日必是要一一验看的。书中的万山红遍，书中的层林尽染，等练就了好本事，还是要尽收眼底的。

读万卷书方才想行万里路，行万里路才能够作万卷书。

那时建国书店的租书金价格低廉，然而在六七岁时的三毛口袋中连这微小的数字也是不常有的。

说来也是一件大抵每个人在孩童时期都会有的平常事。三毛在一个闲暇的午间看见母亲卧室的五斗柜上放着一张红票子，一时间面红耳赤，激动万分，不知如何才好。在她有意识之后便发现钱已经在自己的口袋中了。

在那个老师一月薪水只有一百二十元的年代里，三毛手中的那五元钱对她来说实在是一笔巨款。自然，这笔巨款最后是没能在她手中派上用场的。不只是因为年幼的胆小，更是因为当时的五元钱实在是巨款。三毛终究没能忍受住那张红票子对身体的炙烤，在一个下午装作不经意间将巨钞放回了柜子的夹缝中。

纯善如三毛，偷钱不是为偷钱，只是为心中那一份对快乐的期许，对文字的渴望，对艺术的追逐。每每想到，一个小小的人儿坐在灯光下，痴痴地读那一卷卷的美好，心中便是暖暖的。由人及己，何尝不是如此，金子的光亮总也是没有艺术的光亮来得明媚，怡人。

些许人被金光恍惚了眼睛，总以为那便是世间最好的光明了。但他们不曾看过艺术的炽烈与广阔。自然的，我们站在浓浓的艺术光环下，也是见不得金光的微弱了。

三毛爱书的情结愈演愈烈，《红花侠》《三剑客》《堂吉诃德》《飘》《简·爱》《琥珀》《傲慢与偏见》《基督山伯爵》一系列的伟大名著充满了她幼时的光阴。

后来三毛在自己的书中如是写道：

望着架上又在逐渐加多的书籍，一丝甜蜜和些微的怅然交错地流过我的全身，而今我仍是爱书，可是也懂得爱我平凡的生活，是多少年的书本，才化为今日这份顿悟和宁静。我的心里，悄悄地有声音在对我说：“这就是了，这就是一切了。”

三毛是个挚爱文字的女子，一生如是。不仅仅是阅读。她自己笔下的文字亦都是如她的人一般仿若风一样温柔。当时代繁杂的生息日渐风靡之时，文字的静好还是安然地躺在大地的一隅，让爱它的人愈发爱它沉静下的波澜壮阔。

我们也许无心流连于春花娇美，我们也许不能痴迷于生如夏花，我们也许无暇醉心于秋景温良，我们也许难得癫狂于白羽圣洁。但是，我们只需在手边放上几册文字，这一切的一切便都在我们周遭的空气中弥漫、升腾。当它们飘洒开来，我们也许便会突生期望，想来看看它最清晰的面貌。

莽原蔓延在书中，绢纸何尝不是源自阔野。

那是今生第一次负人

那是今生第一次负人的开始，而这件伤人的事情，积压在内心一生，每每想起，总是难以释然，深责自己当时的懦弱，而且悲不自禁。而人生的不得已，难道只用“不是我”三个字便可以排遣一切负人之事吗？

——三毛

刚刚能蹒跚走上几步的孩童，内心都是柔软的，纯善的，惹人爱怜的。我们用稚嫩童真俘虏过许多人的心。在那太阳总是普照的时光里，我们的笑脸便是世界上最美好的花。

在人生最初时，穿着细碎的红花布衫行走在大街上，看着每个路人的眼睛里尽是温暖。我们欣喜地融化在充满爱的眸光里，一度在那淡黄色的光亮中肆意地奔放着生命的快活。

那时，淡淡的三月天，杜鹃花开在山坡上，我们在那无瑕的光阴中自由地奔跑在田野间、榕树下、人群里，不知疲倦地享受着生命中最懵懂美好的光年。

从不曾想过伤痛，从不曾有过哀愁，从不曾知道来日的阳光下我们也会有伤害和辜负。直到有一日晨起，我们看到素日间安详的某一个眸子里浑然添了一丝泪光，我们才知道，纵使自己是世间最柔软的美好，只要我们碰撞到了一个人的心尖，那人亦是会痛的。

三毛第一次尝到负人的酸楚是在无知的小学时，那个目光柔和的大朋友的黯然神伤是她永远也不曾释怀的痛。

彼时的三毛还在小学中每日苦恼着班中风纪股长的压迫，却不知世界上还有比老师和风纪股长更可怕的东西。直到被那头骇人的疯水牛一路追赶到教室时，她才第一次知道：原来疯牛就算是老师也是怕的。

可怜的小学生大都如此。孩童时，老师便是风，班长便是雨。二人同来，便是风雨交加。若是再加上不可预判的闪电，那真真是世上最可怕的事了。

每个人的儿时莫不如此。怕极了那些日日为难自己的人。只是到了分别的时候，还是一样会不舍，会流泪，还会在不特定的时光里对他们十分怀念。不为旁的，就只为在一起的几载朝夕相处。

光阴是个奇妙的东西，它会淡化我们的心，不管是爱还是恨，抑或是恐惧，只要它要离去，不管它曾经带给我们什么，我们都会用留恋来祭奠它。

当时的疯水牛对小弱的人儿是骇人的庞然大物，然而对驻校的军人却是一个施展阵法的有趣对敌。当疯水牛被他们轻易地驱赶到田野间时，当天做值日生的小人才敢提起刚刚打满热水的水壶走三步停两步地向教室走去。却不料刚刚走到教室的回廊上，另外一头“水牛”却“咻咻”地跟在她的背后喘息。三毛那日实在是被疯水牛吓怕了的，所以当听到身后那粗壮的喘息时，只有绝望地蹲在地上细细碎碎地哭将起来。直到肩上被人撞了一下后，才颤颤巍巍地转身。这身体的一个小扭转，便转出了一个大朋友。

世事便是这样的，在一个不特定的时刻，便会忽然从天降临一份美好。无论我们是在快乐中，上天派它来锦上添花，还是在困苦中，它来雪中送炭。

是美好，便是美好。它降在我们身旁，等待我们牵它一起行走。若是我们心明眸亮，便可识得它的模样，自然便会携它同行。若是我们心昏眼暗，亦是看不出它的纯善，便要白白地舍弃。于是，无论我们走在时光的哪一个车厢中，都要日日洗清心地，擦亮双眸。莫要错过生命中美好的人，因为他们都是上天最珍贵的恩赐。

就这样，三毛与哑巴便结识了。三毛得知这位大朋友的身份还是费了些事的。因为哑巴不会讲话，只会在地上写“吹兵”。后来老师走过来，二人便匆忙握了个手——大兵将三毛的手摇得人都跳了起来。这样二人便算是熟识了。

每日上课做小学生前三毛总要骄傲地做一会儿小老师——教吹兵写字，而后才回到教室去做老师小乖乖。如此这般一段时日后，吹兵便对三毛万般宠溺，每日等在校门口，一旦见她进大门，漆黑的脸上便先要开出好大一朵花来。然后不知如何疼爱地将书包接过来背着，送到教室才两步一回头地离去。下学后带着三毛玩跷跷板，总是不敢坐在板上的，只是两只手来控着，让她自在地指挥上下。

孤寂的人是干渴的。亲情是淡水，日必要饮。友情是泉水，生必要饮。爱情是露水，世必要饮。若生在凡世的尘土中，常日间没有淡水止渴，泉水润泽，露水滋养，人便要慢慢枯竭。

哑巴便是这样一个将要干枯的人。三毛如淡水轻缓，泉水叮咚，在他最荒凉时漂流而来。哑巴自然是急切的，不知所措的，千般欣喜，万般疼爱的。所以，久旱逢甘霖，世间最好的情境也莫过于此了。

美好的时日便是这样静好地悠然而来了。

忽有一日，吹兵将一枚金戒指托在地图一样的手上要送给三毛来做纪念。小女孩年纪虽小，但是金子的贵重还是知道的，所以怕得很厉害，不知所措地说了再见便飞奔跑掉了。

当一个孤单的人找到了寄托，即便只是一根稻草，那也是他生活的全部。所以金子在哑巴看来算不得什么，重要的是每天醒来后能有一份美丽的牵挂。

无牵无挂是没有希望和动力的悲哀人生，唯有看到心中最牵念的人在自己的努力下日益美好，才会获得人生最大的乐趣。

老师已然是察觉了一大一小的怪异举动，自是要来管束的。如此一来，学校便强行介入了二人的交往中，接下来的一切便是悲伤的故事里常见的一幕——

不可以再跟哑巴来往，不许打招呼，不可以再做小老师，不能玩跷跷板，连美劳课做好的一个泥巴砚台也不能送给我的大朋友。

而他，那个身影，总是在墙角哀哀地张望。

在之后很长一段岁月里，三毛便是躲避着吹兵哀怨的眼睛上学的。尽管一日吹兵追上来在地上急急地写了一大串的“？”，可怜的小孩子还是没能敢出卖自己的老师，只是在地上写了又写“不是我，不是我，不是我”。后来三毛谈起此景还讲：

翠屏山上杨雄正杀潘巧云，巧云向石秀呼救，石秀答了一句：“嫂嫂！不是我！”

想来，这二人的心境当是一样的吧。一句“不是我”包含了太多的无奈。这无奈是世上最孱弱的解释，最苍白的回答，最无力的心酸，但已是这般情境，又能奈得谁何呢？

生活总有太多无奈，我们截不住它到来的脚步，挡不住它汹汹的来势，抹不去它经过的伤痕。亦是无奈的，亦是无奈的。

这一段儿时的友谊在吹兵离去后才算是告一段落，当然，痴痴的吹兵给三毛留下了地址和姓名，还有一大包当时在孩子新年才能得到一两片的牛肉干。只是地址被老师没收，牛肉干便宜给了校工的土狗。

三毛在《吹兵》中如是看待这件事：

那是今生第一次负人的开始，而这件伤人的事情，积压在内心一生，每每想起，总是难以释然，深责自己当时的懦弱，而且悲不自禁。

是啊，人生便是这样的。当身边有一个良善、爱自己如同爱他的眼睛一般的朋友，而自己总是无力去护他周全。等许多年后，忆起那人的种种，心中总是不可抑制酸楚。

我们在世上走一遭，身旁离不开友情的帮扶。那萦绕在手臂间的温暖，便是上天馈赠与我们的杜鹃花。当我们身在浮沉时，看一眼那纤美的心蕊，便会顿生向前浮游的动力。

这便是人世间最美好的，被爱的喜悦。当有一日我们眼看离人归别在一方，一叶扁舟，一抹斜阳，我们便只有唱一曲清歌，看着那背影起落在天际，默默地感伤自己，祝福友人。

身后有爱情低声哭泣

因为平淡，我们的爱情有时会游离原本温馨的港湾；因为好奇，我们的行程会在某个十字路口不经意地拐弯，就在你意欲转身的刹那，你会听见身后有爱情在低声地哭泣。

——三毛

爱情，两个字在心中寻摸一周下来，整个心房中都是它的迷人气息。正是为着它的这般美好，我们多少次都想偷窥一下它的真面目。然而，爱情就好似那只有着七十二般变化的猴子，一时是甜美诱人的果子，一时又是国色天香的美人，总也让人的肉眼凡胎寻不着踪迹。

爱是折磨人的东西。说得实在精辟。那个纵行天地间的猴子，有千变万化的外衣，有几万万种出场的方式，并且神通高明。它若来了，便是不达目的，誓不罢休的。我们想挣扎，想选择，连个逃遁的门也是找不到的，更莫说是，歇息片刻，沉静思考对策了。

三毛对于爱情从不躲闪，即使是在那样小的年纪里，她一样担当着自己的心。

彼时的小女孩还是个小学生，在班中有模有样地结拜了另外六朵小金花。有一日，七个小姐妹学习了人生第一节的生理教育课之后，便惶恐地浮想，一朝与男孩子拉手亲吻后，便是要生出孩子的了。这样一来，大家便都惶惶地一起发誓，要净身自爱，莫说亲昵，便是拉手也是断断不敢有的。然而爱情在那个年纪时，已然在身边徘徊了。只等小女孩们一不留神，便会刺来。

年少时，我们对于爱情大抵都是一样的心情，惧怕而渴望。惧怕只是因为爱情在那个时候是一件羞耻的事情，所以不敢涉及。渴望则是因为爱情一直是禁地，所以总是好奇。其实对于谈情说爱并没有真正的期许，只是觉得那一件事是一个常年藏在身边的秘密，而自己又无从知晓，故而一直急切地想要揭开它的神秘面纱罢了。

那时的爱情，便好似和父母一道去做客时，主人家递过来的一包牛肉干。心下不知有多想吃，然而碍于父母的情面与教诲，总是默默地缩了手在身后，礼貌地说：家中也有的，并不想吃。

正是因为心中对爱情的纠结，所以每日间便只是装作对异性不屑一顾。而每到晚上一个人躺在床上时，却又开始默默地想第三排中间的那个男生怎么还没有给我写纸条，他不是已经偷偷看自己好久了吗？

有一日，当三毛和她的小姐妹接到隔壁班七个小男生去看电影的邀请时，喜不自胜。如此浪漫的约会，听起来便十分刺激，自然是不能拒绝的。

非常成功的一次约会！

小男生们笔直在第一排的座位上心猿意马，小女子们坐在四五排开外的排座上惴惴不安，大家为了彼此的爱情，谁也无暇顾及那日的影片。电影结束后，男生们还在不远处看着姐妹花吃了一碗仙草冰，并一起上了同一趟公车，当然不是为了做护花使者，只是因为住在同一个区，当然男女生座位是分在前后车厢的。

左手的机票
右手的护照是个谜
一个不想去解开
不想去解开的谜
前程也许在遥远的地方
离别也许不会在机场
只要你说出一个未来
我会是你的
这一切都可以放弃
——三毛

走过操场的青草地
走到你的面前
不能说一句话
拿起钢笔
在你的掌心写下七个数字
点一个头
然后　狂奔而去

守住电话
就守住度日如年的狂盼
铃声响的时候
自己的声音那么急迫
是我、是我、是我
——是我是我是我
七点钟，你说七点钟？
好、好、好
我一定早点到

啊 明明站在你的面前
还是 害怕这是一场梦

是真　是幻　是梦
是真是幻是梦
车厢里面对面坐着
你的眼底
一个惊惶少女的倒影

火车一直往前去呀——
我不愿意下车

不管它要带我到什么地方
我的车站
在你身旁
就在
你的身旁
是我——
在你身旁

——三毛

后来三毛在书中漫漫地写这场爱情的结局：

下车，我们又互看了一次，眼光交错地在一群人里找自己的对象。那一场拼了命去赴的约会，就在男生和男生喊再见，女生跟女生挥手的黄昏里，这么样过去了。

爱情就这样结束了，小小的女孩懵懵懂懂，觉得爱情还是有趣的。可以看电影，可以和男生约会，最重要的是，这一切都是背着家里人和学校的。若不是为着这么多的艰难险阻，怕是也不会觉得这样美妙了。

这就好比是读了一本父母藏在不准触碰的书柜中的书一样，虽然内容和课本无异，但是读来兴致勃勃。

人便是这样的奇妙，最看重的总是极难得到的和已然逝去的。

初次约会这样曼妙，接下来便一发而不可收，爱情在一瞬间又来了。

那个男生，那个扮匪兵甲的男生，那个和三毛一起蹲在布幔后的长凳上的男生，便是三毛爱上的人了。

三毛娓娓地说过那没有开始，没有结果的爱情：

始终没有在排演的时候交谈过一句话——他是一个男生。天天一起蹲着，那种神秘而又朦胧的喜悦却渐渐充满了我的心。总是默数到第十七个数字，布幔外牛伯伯的步子正好踩到跟前，于是便一起拉开大黑布叫喊着厮杀去了。就是那么爱上了他的，那个匪兵甲的人。

爱情仿若玫瑰花瓣般飘然而至，美得让幼小的人儿瞬间便疯癫了大脑。成绩自然是要下降的，老师问起缘由时必是说不上来的。小腿挨了老师竹鞭子也呆呆地不觉得疼，但是还是流了泪的，不为什么，只是想为此事伤心一下罢了。

恋爱的时候就是这样的，多愁善感，敏锐多情，仿佛一下子懂得了生活。看到无关紧要的事情也会想流泪，不是为了某一个人，或者某一件事，只是觉得在爱情这门美妙到极致的课程上，不用眼泪来捧一捧场，便没有什么可以与之协调的表达方式。

《牛伯伯打游击》演出还是十分成功的，只是，自那之后，小学生们便疯传匪兵乙爱上了牛伯伯。

甚至有那么几个不识相的家伙，在被流言激怒的小魔鬼放学回家的泥巴小路上与她对住了。一群小家伙的谩骂使得小魔鬼的魔性瞬间便爆发了：

我冲上去要跟站第一个的男生相打，大堆的脸交错着扑上来，错乱中，一双几乎是在受着极大痛苦而又惊惶的眼神传递过来那么快速的一瞬，我的心，因而尖锐甜蜜地痛了起来。突然收住了步子，拾起掉到水田里的书包，低下头默默侧身而过，背着不要脸呀不要脸的喊声开始小跑起来。

在爱情面前单纯的小女孩是个败兵之将，她没有败给他人，只是败给了自己的心。爱情是带着神奇魔力的精灵，它可以让人的心一刹那变软，一如飘忽棉花糖般甜蜜融化。

当爱情来临时，我们可以不怕风雨雷电，不怕流言刺耳，不怕谩骂诋毁，唯独怕的便是心仪之人那一个无助的眼神。因为我们在面对其他事物时总是会有防备的，但是对于那个让我们付出爱情的人，我们的心是赤裸的，一览无余地向他开放着的。所以，哪怕他只是一个小小的浅笑，一个微微的蹙眉，也会将我们震颤得浑身发抖，不能自持。

直到一日，小女孩看到匪兵甲被牛伯伯按在操场上用泥巴糊了口鼻，心中那不能抑制的痛让她更加确定了自己心中的那一方柔软。夜间，小女孩的心便融化得整个房间都是甜蜜。她在黑暗中向垂怜世间的神反复祈求，求有朝一日可以做那人的妻子，并决绝地发誓说生不离弃，世不反悔。

这样，爱情就在时日闲度中不断升温，长久下来，便是要沸腾起来。只是在这个时候，荏苒的光阴猝不及防地撞了一下爱情的腰，让它一时间便烧得无力了。

毕业，在三毛被爱情冲撞得头晕目眩、眼冒金星时楸然而至。

爱情尴尬地停留在不温不火处，来去不定。

思念也停在那里，不知所措：

也是在夜间要祈祷了才能安心睡觉的，那个哀求，仍是一色一样。有一次反反复复地请愿，说着说着，竟然忘了词，心里突然浮上了一种跟自己那么遥远的无能为力和悲哀。

爱情是强大的，但是它强不过时光的一个小玩笑。无论是人或者事，都是如此，一旦要与时光比试，那结果就只有一个——失败。

爱情便是人生的一个惊叹号，来得强烈而尖利，但是最终它还是抵不过时光慢慢吞吞的一个句号。三毛最初的爱情便落幕在那一场唱着骊歌的毕业典礼处。

慈悲的指引

顾福生老师站在旧金山深夜的迷雾里，静悄悄的，我站在远远的街角，泪眼对着那一件永恒的红毛衣，不敢上去叫他。韩湘宁老师站在遥远的星球上，全家四个人拉着手向我微笑又点头，孩子的笑声如同铃铛一般洒下来。彭万墀老师明明是音乐家瓦格纳般的一个人，而我怎么会看见一座如山的塑像，浸在贝多芬《欢乐颂》的大合唱里？有光，有安静的太阳温暖慈爱地将一种能，源源不绝地灌输到我的灵魂里来。

——三毛

岁月，一湾无边无际的长河。我们一世便是在这条河中渡人渡己。

我们二十郎当岁的年龄，说不清如何渡己，更不用说怎样渡人。人生也好，岁月也罢，于我们而言都是陌生的境地。渡己渡人的话不过是心中有了一种信念后笃定的生活方式。而这种信念大部分都是来自书本与年长者的教诲。心中的那一份信念也只不过好似在一个陌生的城市的火车站买了一张地图而已。阡陌交横的一张图片，能给予的不过是方向感，至于我们能否在陌生的城市中找到要寻的风景，所能决定这个问题的也只有那个举着喊话筒的美丽向导。

第一次来到西子湖畔的人，无论如何也是看不穿西湖的对岸风景的。到最后，只得叫了湖上摆渡的渡娘来，随着她轻挽的木桨，方才一览西湖风情。

总而言之，寻找人生的风景总是要一个指引前行的人。否则，便似入了迷津，怎样也找不到最好的坐标来区分南北，纵是有天生的路向感的人也是枉费，更何况世间的路痴也不在少数。

彼时休学家中的三毛，便是身在荒山沼泽的迷局中。她瑟瑟缩缩地不敢喊叫，亦不敢挣扎。怕引来不相干的冷血路人，更怕永远地消逝在泥潭中。她在等待一个对的人前来渡她。

那时的三毛已不再是个小女孩，而长成一个碧玉年华的女孩子了。只是在这二八好光阴中，三毛不似旁的女生那样沉浸在落花、婉月的憧憬之中，浮想联翩。自那日带着书本住进自己的心里，她便关闭了心门，一任时光荏苒，阳光清亮，自己的心便是再也不愿打开了的——有心可宿自是好的，只是不该关了门窗。

直到顾福生的出现。

自然不似旁的老师那样请到家里来，迁就已然不敢出门的三毛。顾福生是当时“五月画会”的知名画家，当然也是不会来的。

撕了一枕头的棉絮，推了又推的日期，几番挣扎之后，三毛方才鼓起勇气摁响了泰安街二巷二号那座大宅的门铃。那时候，惶恐的心差点从腹内跌出来。当她站在一间满是油画的房间时还是止不住剧烈的心跳，在那等待的几分钟里，安静的画房内，四面的墙壁不断回弹着的是怦怦的心跳声。直到纱门轻响，杂乱的心跳一下子便安静了下来。蓦然一转身，那改变她一生的人便站在面前了。

每个人都是一样的。在人生最荒凉阶段时，胆小，不敢选择，生怕后面是更坏的境况。所以，总是想逃避，想推脱，想慢慢地匍匐前进，寻找到出路。甚至只想停滞在原地，在苦痛中默然等待。其实人生转折往往便是在这个阶段的，只是有时我们会因为恐惧而错过通向美好的际遇。

三毛还是勇敢的，她最终还是选择了。在心里千难万难的时候选择跟随自己的心。顾福生，身着红毛衣的温情男子。只是静静地望来一眼，一瞬间的时光，三毛的心便从泥沼中升腾出来，再也不能从自己的新老师身上移开。多年后三毛再忆起这次初见，依然记忆犹新：

初见恩师的第一次，那份“惊心”，是手里提着的一大堆东西都会哗啦啦掉下地的“动魄”。如果，如果人生有什么叫做一见钟情，那一霎间，的确经历过。

三毛又说：

看见老师的时候，总是感觉一片薄薄的刀片，缓慢地在割着我，精准又尖锐的痛，叫也不想叫地一刀一刀被割进皮肤。

就是这样温良的男子，柔然的气质总是最锋利的武器，任是谁见了，也是一样，逃不掉的。

遇到一个回眸便是惊心的人，是一件关乎命数的事情。并非是为着他的面貌与气度。只是，在那一个特定的时间、特定的地点，那一个特定的人便站在了你面前。你们素昧平生，然而他抬眼的一个瞬间，总是让你感觉似曾相识。我们无法解释这种熟识感来自何处，只是会觉得，有他在，我们便会安定。

有时也会想这种突如其来的安全感，也许是来自人身上与生俱来的磁场。当那个可以与你互相吸引、互相迎合的另一个磁场出现时，你便会不由自主地感到温暖与安乐。

这就好似我们曾经梦到过一场美丽的风景，而在未来的某一次旅行时，忽然在山水间看到梦中的那一片桃花林。那种惊喜与熟识，用苍白的语言是形容不来的。若真要有模有样地表达几分，便也只能说是圆梦的满足感了。

这样，便好了。每周欣然地出门两次，乖乖地来到画室，尽心学习，刻苦而努力。只是有些遗憾的是，画品始终不像样子。一日，看着自己扭曲的线条，三毛实在对老师愧疚，便决心不再累他。悄悄地跟老师说明了，心里自然还是万般不舍的。

温情如以往，顾福生微笑地开导着，领了三毛到另一间房。

那些苍白纤细的人体，半抽象半写真的油画，自有它的语言在呼应着我的心，只是当时不能诉说内心的感觉。

这样，便又好了，带着灵魂的画一击便打开了三毛的心。这是她对艺术的第一份认知，这份认知不只打开了她的心门，更给了她最直接的对艺术的启示。

停下了素描，开始了水彩。最重要的是读了两本书，顾福生给的《笔汇》和《现代文学》。人一时间便明朗起来了。开始交流，开始自信，开始涂鸦，甚至开始写文章，来给老师看。

老师一如既往的温柔，寂然。日子便是这样静好地过。忽有一日，老师又如往常一般带来了一本《现代文学》。不同的是，上面有一篇文章的作者是——陈平。

这样便真的完全好起来了。这一份肯定来得恰是时候。它在一瞬间便驱散了三毛内心密布的乌云，赶走了那久在心底作祟的自卑。

开始在街上散步了，开始和家人一起吃饭了，开始和大弟打架了。不仅如此，还在老师的介绍下结识新朋友，且相处甚好。那个叫陈秀美的女孩子，还用了陈若曦的笔名写了一篇以三毛为原型的文章。

岁月便这样明媚起来了。

只是这样阳光普照的日子并不长久。一日顾福生在三毛上完课后很突然地告诉她，自己十日后便要远走，去往巴黎深造。

晴天霹雳，晴天霹雳，三毛在那一时间便又崩溃了。她不能接受这个温柔的人远走，可是分别、再见就在眼前，她痛苦，悲戚亦无用了。

那个于你而言最最重要的人，总是会离去，不是因为旁的，这只是来自上天的妒忌。

顾福生走后，韩湘宁接了三毛的绘画课业。

韩湘宁老师——一个不用长围巾的小王子。夏日炎热的烈阳下，雪白的一身打扮，怎么也不能再将他泼上任何颜色。

韩湘宁与顾福生不同。他热烈、奔放、快乐而富有诗意，永远一身雪白的装束，使人看到便觉清爽。大孩子的性格让三毛甚是欢喜，很快便被他传染得快乐起来。他的教授方式如他的人一般，每日闷头作画自然是不肯的。他带着如朋友一般的学生们每日出入剧院、电影院、展厅，就连作画时，也大多是在野外或是公园中。

三毛很快被他由自己的内心世界推向了外面的世界。若干年后三毛那颗极会发现快乐的心，便是此时练就的。

快乐是一种病，教是教不来的。想要得到它，只有跟在携带这种病的人身边，等待着被传染。韩湘宁在带了三毛一些时日后，亦是为了远行，便将她转给了另一个老师——彭万墀老师。

三毛在彭万墀老师处学习绘画，是真的在学习。没有嬉笑，没有轻快，没有过多的氛围。有的只是厚重的美术知识和严肃的对待艺术的态度。那一阶段，三毛在作画技巧上的提高是显而易见的。她甚至曾在那段时期在一个美术比赛中拿了人生中的第一个奖牌。

彭万墀，一个美术学上最好的教授者。他总是朴素的，沉稳的，厚重的，最重要的是健谈的。三毛曾说：他在上课时“讲的内容——旧俄文学的光辉和瓦格纳的音乐都形容不出于万一”。

三毛在彭万墀的悉心教导下，不但画艺进步快速，而且做事也日益踏实，沉稳起来。

三毛的三位老师，温良，快乐，厚重。他们教授了美术，也教授了人生。若你的上空有片乌云，若你的周围尽是昏暗，若你的眸中充满苦痛，若你的心间满是伤痕，莫要因此而将自己深锁，当炽烈的阳光射下来时，这一切都会过去。

悲戚哀伤是人生一个必经的路口，我们不必过多地沉溺和抱怨。因为美好总是藏在它的背后，我们只要踮起脚尖，迎着阳光，那落满眼眶的便一定是美好的丽影。

问世间情为何物

走过操场的青草地

走到你的面前

不能说一句话

拿起钢笔

在你的掌心写下七个数字

点一个头

然后　狂奔而去

守住电话

就守住度日如年的狂盼

铃声响的时候

自己的声音那么急迫

是我、是我、是我

——是我是我是我

七点钟，你说七点钟？

好、好、好

我一定早点到

啊　明明站在你的面前
还是　害怕这是一场梦

是真　是幻　是梦
是真是幻是梦
车厢里面对面坐着
你的眼底
一个惊惶少女的倒影

火车一直往前去呀——
我不愿意下车

不管它要带我到什么地方
我的车站
在你身旁
就在
你的身旁
是我——
在你身旁

——三毛

“恋爱”是两个有温度的字眼，读来便觉得美好。它一旦住进人的心里，就好像透着日光的窗台上放了一盆三叶草。晨起睡眼蒙胧间望上一眼，便顿觉清爽而舒心。

女子说起恋爱总好似掌上温情的绕指柔，丝丝缕缕的缠绵间，带着羞涩和纯真，让看她的人心中都是化不开的怜爱。

与带着恋爱行走的女子擦肩而过时，她扬起的发丝间总能嗅到静谧的花香气息。不知是因着什么原因，那隐藏在眸子后的甜蜜，总让人感觉好似棉花糖一般柔软。

最初的恋爱，当是说人生的第一次恋爱，亦是初恋。心意懵懂时，情窦初开，那应是什么样的滋味？是五月酸李留在唇舌间的苦涩吗？是冰雪琉璃凝结在脚心上的寒凉吗？是碧玉荷叶停歇在鼻翼处的清香吗？是杏花微雨打在心尖上的瑟瑟吗？是，我想这都是对的。不仅如此，我见风起云卷，电闪雷鸣亦如初恋，紫薇花开，莲香清远亦如初恋。世间泛泛之众，有千般性情，万种长调，如此算来，如若牵起爱与恋的纤纤，怕是我万般才情，也写不完那天样的书卷。

想彼时，在一番努力后进入文化大学哲学系做选读生的三毛，在读了那个当过兵又做过教师的男孩的两本书集后，那满怀的倾慕，便应当是恋吧。

她知道，那个男孩叫舒凡，本名梁光明，戏剧系学生，高自己一届。

两本文集勾起心中的恋。日后花前月下，你侬我侬时，谁会知晓情之所起，竟不是相见恨晚，而是几卷书纸。

恋爱，奇妙的情愫。

于三毛而言，恋爱的心思是煎熬的。尽管，没有痛楚，只是淡淡的酸涩。然而日日默默地跟随亦是需要勇气的。坐在那人上课的教室后方，只是默默看他沉思的背影。伏在那人吃饭的小店角落，只是静静地望他吃面的姿态。但，懊丧的是，那人竟一直视而不见，不为所动。

终于又来了机会。发表了几页小字，惶惶地请了许多校友来聚会。自然，也有他。只是，到了中途，那人才悠悠地走进来。喜不自胜的三毛，赶紧跑上去斟酒，只是渴望与他目光能有几秒钟的交汇。谁知他竟只字不语，端起酒杯，一饮而尽，转身便与他人对酌而去。三毛自然是失望的，但是又是不敢失望的，于是纠结之下便“聪明”地向自己解释：这也许是一种他对自己人格的尊重。

恋爱，这样强大的东西。自由不羁的三毛，孤傲自诩的三毛，沉着自持的三毛在心中的那一丝恋面前，她已然孱弱得不能再孱弱，苍白得不能再苍白。当舒凡的文字拂过心田的那一瞬间，她已是个败兵的俘虏。

我时常不相信心给予自己的方向。它时常没有思维，没有逻辑，感性而鲁莽。因此我更愿意受制于自己的大脑，它虽不十分睿智，但最起码我不至于让自己冲动到没有理智。年少时曾听许多人讲，恋爱中的人是没有智商的。我向来对此不以为然，但三毛在遇到舒凡时的那一壮阔境况，让我对恋爱的质疑在一瞬间便土崩瓦解，灰飞烟灭。

后来我才知道，恋爱原来果真如此。它神奇到能让你废寝忘食不知疲倦，神奇到能让你身在冰窟如在暖房，神奇到能让你多情忘我乐此不疲，神奇到能让你血液流尽灵魂不散，神奇到能让你光明永寂恋爱永存。

恋爱，决绝而凛冽的东西。

那日聚会散去，三毛走在操场的绿茵上，竟看见不远处站着一个男子，发丝飞动间便知他是舒凡。内心澎湃的潮水在那一时间无论如何也是收不回的了。日日的相思煎熬将三毛折磨得已经不知矜持。她奔上去，拿出舒凡放在衣袋中的手，打开来，取下他的钢笔，默默地写下了自家的电话号码。

之后便是等待，漫长的等待。电话铃声在那个下午几乎将三毛折腾得发疯。它一次次地响起，三毛心中便是一次次地潮涌。最后，舒凡的电话还是来了的。三毛兴奋得快要癫狂，她什么也顾不上了。她要去赴约，她要去恋爱。

三毛那日的约会是成功的。因为，这一约，便是两载的风花雪月，半生的刻骨铭心。

恋与爱一时间便交合了。这其中有的是三毛的苦苦相恋与炽热爱情。

恋爱中的两人总是静好的，相执的手总是暖暖的，带着爱人的气息与味道。这淡淡的温热便是恋爱最好的诠释。

有些人便是这样的，他们崇尚恋与爱，认为那便是信仰。一旦恋爱到来，纵是飞蛾扑火，亦奋不顾身。

自然的，恋爱也不总是美好与温润，它时常也会倦怠。当恋爱垂下头颅，容颜憔悴时，沉浸在其中的爱人们总也是极苦楚的。如若恋爱又从疲敝中缓解出来，生机盎然，相爱的双方便又是一番不同的甜蜜。

恋爱便是这样的，痛苦时便再不欲生，快乐时便恍在天堂，所以我说，恋爱是天与地的结合，是风和雨的交汇，是悲哀与喜乐的掺杂，是生活与爱情的互融。

当恋爱来临时，我们不必过多地思考。只要张开怀抱拥住它，弥漫在怀中的便不是生活，而是爱情。无论年轮飞转后，停留在那的是什么，我们都不会感觉遗憾，因为生活和爱情都是行走在时光中极致美好的色彩。

当爱成伤

左手的机票

右手的护照是个谜

一个不想去解开

不想去解开的谜

前程也许在遥远的地方

离别也许不会在机场

只要你说出一个未来

我会是你的

这一切都可以放弃

——三毛

两颗心若是相依，纵是分离，亦是亲密。两颗心若是分离，纵是相依，亦是支离。

爱情，在诗人的笔下是一枝热烈的玫瑰，浓重而奔放；在画家的纸上是一簇凌乱的杜鹃，抽象而具体；在情人的眼中是一束美妙的罂粟，剧毒而神秘；在路人的眼中是一湖寂静的白莲，甜蜜而安好。

爱情，在我看来，又像是秋千上散落的乱红，凌然而绝美。它悄悄地安静在秋千一角，等待着多情人的邂逅。当它被两双手轻轻地托起的那一刻，它便开始慢慢枯萎。愈是凋零，便愈是惹人爱怜。直到变成了一片薄叶，它还是安然地躺在柔软的手掌中，只要不被丢弃，它便一直寂然地任时光流逝。哪怕有一日，它颓败得不成样子，只要手不分离，它便还是一样存在着。纵是没有初落时的美艳，但岁月留下的只是颜色的消散，而那溶在掌心上余温是永恒不会退却的。

三毛，一个纯粹又热情的女子。她的爱情来得猛烈。在与舒凡相爱的两载间，她小心翼翼地将爱情抓在手心，生怕一不留神，那狡黠的美好便从指缝间逃窜。

舒凡亦是个才华横溢，内心很有见地的男子。三毛偏执而缺乏安全感，总会让他感觉心中隐隐有些疲惫。

三毛的占有欲来自自己内心的自卑感和舒凡的出众才华。彼时的舒凡在学校中卓尔不凡，是众多女生心仪的对象。他在与三毛的爱情中本来便是被动的，所以他一直只是理智而安静地对待这份爱情。但是这样的淡然愈发激起了三毛那份渴望尘埃落定的心思。

她时时刻刻都想牵着爱人行走在阳光下的人群中，用相执的手和脸上的甜蜜来告知路人他们的爱情。

其实爱情就如美丽的纱裙，它在适合的时间、适合的场合会为你的美丽锦上添花。但是，你不可日日穿它在身上，因为这样它不但会迅速破旧，而且会染上尘埃，失去原本的华丽。我们可以将爱情放在心底，偶尔拿出来和爱人共享它的美妙，但是不可日日捧在手间，穿行在日光下。因为爱情有时是娇弱的，炽热的阳光总有一日会灼伤了它。不仅如此，若你将爱情抓得过紧，亦是会抓疼了它。

初次恋爱的三毛自然是不懂这些的。她心中的爱情应当是如沸水一样的滚烫温度。所以她将舒凡温温的爱情不断加热，直到有一日，不自觉地灼伤了爱人，亦灼伤了自己。

三毛在大二学年快要结束的时候，向舒凡提出了结婚。倦倦的舒凡，没有马上答应，只是表示，二人学业都尚未完成，不如静等些时日，自然水到渠成。

其实，舒凡等的不是学业，而是想要用时间来冷却一下三毛心中那不可名状的爱火。她，太热烈，太尖锐，太天真，太极端。那时，温良的舒凡自然是爱着的，只是这种爱让他有些无力，有些苍白。

这种冷却本也是爱情中寻常事，可是，年轻的三毛终究是沉不住气的，她见舒凡拒绝，愈发不安起来，开始不停地与爱人争执，赌气。直到一日她甚至下了最后通牒，要么结婚，二人永生美好，要么分手，自己远走异国。

出国本是拿来胁迫舒凡与自己结婚的，但是令三毛没有想到的是，与自己相爱两载的爱人，竟在这一刻退却了。其实舒凡不是不爱了，而是爱情来得太过急切与紧迫，好似潮水不断地涌进胸腔，他好似不能喘息了一般，于是只能这样，只好这样。比起爱情，喘息还是来得实际和紧要些。

许多人讲：爱情是流沙，握得越紧，失去得越多。其实不只是爱情，世间诸事都是相同的道理。掌握好尺度，方才能得偿所愿。就好似平日间用桃木梳子篦头，力小了，头痒难解，力大了，又会篦伤了头皮与发丝。

爱情之花，我们只能托举着它，依偎着它，万不可将它紧抓在指间，那样定会伤了它的静好，失了它的全部。

一如三毛与舒凡。

后来，三毛作了那样一首诗，来讲自己那被束缚的爱情的最后一次喘息。

我不怕

等待你始终不说的答案

但是行装理了

箱子扣了

要走了　要走了　要走了

这是最后一夜了

面对面坐着没有终站的火车

明天要飞去

飞去没有你的地方

没有你的地方

钥匙在你紧锁的心里

左手的机票

右手的护照是个谜

一个不想去解开

不想去解开的谜

前程也许在遥远的地方

离别也许不会在机场

只要你说出一个未来

我会是你的

这一切都可以放弃

爱情啊，在那一刻变成了魔怪，吓怯了原本强悍的女子，她只有离去。

许是怕爱情的折磨吧，许是怕心灵的苦楚吧，许是怕时光的伤痕吧……就这样离去，就这样解脱，就这样从此放纵在天地间的狂风中，不羁地活着。

1967年，倔强的三毛，在台北机场拜别父母，远赴西班牙马德里。

三毛的流浪开始于爱情的逼迫。不管怎样，“爱情”如此美好的字眼，总是会带来玫瑰花香和阳光和暖的吉兆的。

这个凛冽的女子，从此天高水阔，便是放开了心怀去接纳来自四面八方的清风的。

我的故乡在远方

并不是所有人都有勇气来一场说走就走的旅行，三毛有这等的勇气是为了逃避情伤。可在远方，她受了另一种伤——乡愁，那是远行者的心殇。当思念崩塌的时候，除了回家没有其他可以拯救。

未卜的陌生时光

我不再去想父母叮咛我的话，但愿在不是自己的国度里，化做一只弄风白额大虎，变成跳涧金睛猛兽，在洋鬼子的不识相的西风里，做一个真正黄帝的子孙。

——三毛

远行不外乎这样几种：为了追逐美好而远行，那样的分离不叫人觉得十分苦楚。为了逃避伤害而远行，那分离亦只是无奈，没有过分的伤痛。但是，为着不去伤害和不被伤害，而去寻一个陌生的地方独自去饮痛而远行，那便是比分离还要伤怀几万分的诀别。这样的默然离去，实实想不出是怎样蚀心的恸。

这种恸一如三毛的第一次远行，她不愿再伤害爱情，亦怕极了爱情的伤害，无奈之下，只得离去，去赴一段未卜的陌生时光。

父母心内不知有多少不舍，多少心疼。万种语言也是说不尽骨肉分离的难过，只有千千叮咛，万万嘱咐给予那要远走的孩儿。

莫要任性啊，莫要倔强啊，莫要委屈啊。要忍让，要谦卑，要宽容。莫与人争执啊，莫争强好胜啊，莫让陌生的境况欺生啊。要珍重，要自爱，要坚强……每个孩子远行，父母莫不是这些话。三毛的父母自不例外。

远走他乡，去往陌生的地域。我们总是觉得从此应当放下直白与自我，委婉做人，知礼仪，懂谦逊，甚至应当无限制地忍让与包容。因为我们不是在自己的家中，可以自由地随性松散而不被他人取笑。在别人的土地上，总该放下姿态，与人和顺，这样既可以显示自己国家的人文气度，亦可以避免不必要的麻烦与非议。

长久以来，我们是礼仪之邦的文明谦和民族。一朝去了他乡，自然该处处勤谨，方才不失国家体面，同时也可以友好他人，给人以美好印象。

就这样带着父母的教诲便在生活了近二十载的熟悉的天空中起飞了，去一个连那里的话都不会说的陌生国度。

西班牙马德里大学文哲学院，三毛远行的第一站。

初到时，父亲的朋友接了机，直接送去了那个叫作“学院”的女生宿舍。与三个本土的女孩子同室，看起来都是友好的人。

三毛本也是个随和的人，到了异乡，自然又比平日里多了些收敛，所以和室友可以和平相处。也是为着快些学习当地的语言，顺利完成学业，所以平日便十分乐于和大家交流，室友们也都十分乐于助人，不仅在学习上热心帮助，而且宿舍日常的内务打理也是从来不让自己动手，就连自己的床也都无须自己动手整理，被室友们顺带着一起给收拾得十分利落。

初来乍到，三毛过得十分舒心。

只是这样的时日没有持续太久，三个月后，三毛开始收拾自己的床铺，并且开始不定期地收拾室友们的内务。慢慢的，宿舍的卫生，室友们的琐事，也都包揽了下来。

三毛在宿舍里很快成了最受欢迎的人，大家每日见她待人这样和顺，自然对她赞不绝口。三毛见同学这样夸奖自己，心中很是欣慰。

被人赞扬时，我们总是没有理智地开始欣喜，开始自我满足。从来无暇去思考赞扬背后隐藏的是什么，只是一味地认为那是来自别人的高度肯定，也是来自自己的优异。其实，赞扬的背后有时并非是一种认可，它也有可能只是一个不知是否善意的谎言，或者还会是一个已被他人看穿且轻易利用的致命弱点，甚至多数时间里那只是别人渴望从你身上获得利益时的狡黠作为。

三毛许是为着父母的教诲，许是因着自身的涵养，许是那种生而具备的宽仁，所以一直为自己的好人缘感到庆幸而满足。只是，那时她还只是个孩子，那样单纯地、执着地沉浸在严于律己、宽以待人的大义中，并未意识到太多的不公与欺瞒。

其实，名不副实的赞扬都是来自索取之后还想继续索拿的一种甜蜜麻醉剂，是阴险的人为嗜甜者下的一道迷魂蛊。

三毛亦是这样被麻醉了一段时间的。只是后来，室友们的剂量愈演愈烈，三毛才顿时察觉：

我一再地思想，为什么我要凡事退让？因为我们是中国人。为什么我要助人？因为那是美德。为什么我不抗议？因为我有修养。为什么我偏偏要做那么多事？因为我能干。为什么我不生气？因为我不是在家里。我，自认并没有做错什么，可是我完全丧失了自信。一个完美的中国人，在一群欺善怕恶的洋鬼子里，是行不太通的啊！

当三毛明白，赞美只是一种虚无缥缈的认可时，她才懂得，别人只是用她内心的渴望来麻痹她，而后从她身上盗取她们想要的。

三毛的谦和是一种识大体，顾大局的严谨的处事方式。这种低姿态的态度，是她的一种修为，亦是一种知性气息，并非是她的责任与义务。她的这般行径，为的是让外人看到国人的涵养与气度，以此获取他人对她或者是她的国家的尊敬与倾慕。

然而，当他人看不到这些优秀的品质，只是一味地狡黠索取与利用时，那么这种修养便失去了原本的必要性，变味成一种愚昧或者软弱。

我们可以谦卑，却不可没有底线。

之后，有一次室友们在她的床上借酒装疯，无理玩闹到半夜时，三毛几番劝阻毫无作用后，便欲强行制止。只是未等发作，便引来了院长。当那个素日便不可亲的妇人铁青着脸将过错指向三毛并破口大骂时，三毛积压的怒火瞬间便被点燃了：

我在这个宿舍里，一向做着最合作的一分子，也是最受气的一分子，今天被院长这么一冤枉，多少委屈和愤怒一下子像火山似的爆发出来。我尖叫着沙哑地哭了出来，那时我没有处事的经验，完全不知如何下台。我冲出房间去，跑到走廊上看到扫把，拉住了扫把又冲回房间，对着那一群同学，举起扫把来开始如雨点似的打下去。我又叫又打，拼了必死的决心在发泄我平日忍在心里的怒火。

好一个三毛，这样的胆大，纵是在举目无亲的国度里，还是一样天不怕地不怕。

只是后来这件事情的结果来得还是有些始料未及，没有道歉，没有忏悔，也再不容忍，再不迁就，整日间为所欲为，目空一切。然而，洋鬼子反倒收了神通，从此俯首帖耳，恭恭敬敬。甚至连院长也没有提及惩罚，还亲自找了来，赐了几杯洋酒和糖果，从此一笑泯恩仇了。

有时容忍过分了便是纵容，谦卑过分了便是自卑，礼让过分了便是懦弱。当自身的美德得到的不是尊重而是得寸进尺时，我们便必要反击。为人谦和律己时须得告诉他人，我予你的好只是我的好性情，而非我的责任。

不予抵抗是软弱可欺，并非容人雅量。若是只知一味妥协，那只会让别人长驱直入，肆意践踏索取。然而，过分自强亦不是独立自主，而是无知的自戕。二者取其中庸，莫若不卑不亢。

就是这样，三毛第一次的外交战役，告捷。

带着深爱拒绝

他开始慢慢地跑起来，一面跑一面回头，一面回头，脸上还挂着笑，口中喊着："Echo再见！Echo再见！"我站在那里看他，马德里是很少下雪的，但就在那个夜里，天下起了雪来。荷西在那片大草坡上跑着，一手挥着法国帽，仍然频频地回头，我站在那里看荷西渐渐地消失在黑茫茫的夜色与皑皑的雪花里，那时我几乎忍不住喊叫起来："荷西！你回来吧！"可是我没有说。

——三毛

儿时当母亲将我们独自扔在回家的途中时，心中总是怨怼她的狠心，愤恨她的绝情。只是我们不知，便是从那时起，我们认识了回家的路。

及笄之年，我们爱上那个沉默的青年，而他总是躲闪，甚至冷漠地拒绝。那时恨极了他的傲慢，恼极了他的决绝。只是，亦是从那时起，学会了发愤读书，无奈地将所有精力都泄在学习上。

年少时，心中总是在谴责那些曾经拒绝和抛弃自己的人。长大后，方才知晓，有时候那些伤害并非是有心的过失或者故意的戏弄，而是爱的另一种形式。想来，那些年若是没有他们的弃之不顾，我们至今许是也学不会独立和坚强。

离去有时候是一种为之计长远的本能之爱。好似无情的落红，默然地离去只是为了更久远的呵护。

拒绝有时候是一种深爱，只是这种爱来得深沉，来得决绝。我们当下也许不懂那是什么，但是若干年后，蓦然回首，便会明了，那只是最疼爱自己的人无须理解和回报的伟大守护。

三毛的人生中便有这样一份带着深爱的拒绝。

在马德里的第三个年头，三毛在圣诞夜结识了那个英俊得让人无法直视的少年。他叫荷西。那个夜晚，在荷西从楼梯上跑下的那一瞬间便定格了。一个明眸皓齿的西方男孩，一个长发及腰的东方女子，在眼睛对上的那一刻，心中都是被雷电击中般的震惊。

三毛在那一刻只是痴痴地想：世界上怎么会有这么英俊的男孩子？如果有一天可以做他的妻子，在虚荣心上，也该是一种满足了。荷西亦是在第一眼看到三毛时便想：这一生的理想便是这样了，拥有一所很小的公寓，里面有一位这样的太太，自己赚钱去养活她，这便是一辈子的幸福。

有时，一个伤了臂膀的女子抱着伤痕低眉走在街上，碰上一个不羁的男子在甩动他遮眼的长发。两人只是一个眼光的交错，男子的眼中便尽是女子的无尽楚楚动人，女子的余光中也尽是男子的狂放才情。那样陌生而熟悉，那样互相魅惑沉迷，只是一个回眸，只是一次对望，爱情便总是这样急急地降临，扑面而来，不及躲闪。

三毛与荷西便好似这般。

在那段时光里，相爱的两个人尽情地释放着自己的爱，马德里的棒球场上常见二人幸福地对战，漫天的大雪中亦有两人嬉戏的身影。纵然经济上是贫瘠的，那又怎样。旧货市场上从晨起到日落的游荡，只能购买一支鸟的羽毛，但是那种甜蜜与幸福是任何华贵的物件也比不了的。

总是在思考贫瘠是什么。许是经济的拮据？许是物质的匮乏？但是为什么常听路边清洁老人的笑声那样舒朗而坦然？常见破旧的自行车后座上的女子笑容那样甜蜜而烂漫？

许只是有一份期许与快活吧。有那样一个给自己希望与幸福感的人吧。我们常常陷入某一种追求中无法自拔，有时会是金钱，有时会是名利。但是往往在忙碌的追求中，我们会忽略掉追求的美好本质，只是沉迷在追逐奔跑的过程中。

后来读书看到一位学者讲快乐是世界上共用的货币时，方才豁然。原来人在世上，快乐才是最高的追求。无论我们是腰缠万贯的富翁，还是衣衫褴褛的乞丐，到最后，谁在一生中拥有的快乐最多，谁才是最富有的人。

彼时的荷西只不过是一名高三的学生。他向心爱的女孩表达爱意的方式只有每日努力积攒自己微薄的生活费，等到累积了十四块西币，便跑去邀请当时正在读大三的三毛看一场电影，一场每人七块西币的电影。车费亦是没有的，只能一起走去影院。

囊中分文没有时，二人便是只能在街上游荡。有时也会跑到马德里的皇宫中，去垃圾箱中翻看别人丢弃的杂物，偶尔捡到一枚铁钉，两个人亦会高兴得不得了。

三毛在与荷西初识的一段时间里，内心十分喜欢这个可爱的男孩子。不单是喜欢他的天真俊朗，更喜欢他率性赤诚的性情。于三毛而言这是一段美好的恋爱，但是，对于荷西，三毛是一个完整的将来。三毛眼见着荷西为了自己日日旷课，荒废学业，心中亦总是愧疚。然而，虽是自己的内心怕误了这个男孩的将来，更多的却是对他眷眷的不舍。故此尽管每日两心相悦，但，心中终是有些不安稳，只是也始终没有机会说出口。

爱情便是爱情，是感性纯净的惺惺相惜，亦是超脱世事的心心相依。它不关乎家庭，不关乎未来。若是爱情发展为家庭与生活，那便成了一件繁复的事情。若再要将爱情与人生结合，那便更是一件千难万难的跋山涉水。

三毛与荷西地域的天壤之别，年龄的差距悬殊在爱情面前都不是问题，但是若要在当下便许定一个终身之约，对于痴迷爱情的荷西自然也不是太难的抉择，然而于渴望流放的三毛而言，这便是一件实实难以确定的选项。

爱情和一生厮守是两件性质差别极大的事情。爱情是一生厮守的必要条件，一生厮守却是爱情的完美收官。两者并不等同，所共存的交集亦是只有爱情罢了。

于是，分别的一幕必然已是注定了的。

有一日，天已经很冷了，我们没有地方去，把横在街上的板凳，搬到地下车的出风口，当地下车经过的时候一阵热风吹出来，就是我们的暖气。两个人就冻在那个板凳上像乞丐一样。这时我对荷西说："你从今天起不要来找我了。"我为什么会跟他说这种话呢？因为他坐在我的旁边很认真地跟我说："再等我六年，让我四年念大学，二年服兵役，六年以后我们可以结婚了。"

六年，结婚。这样两个词语，像是无法承载的两座大山，让三毛觉得沉重而无力。在这样的许诺之前，三毛感觉自己苍白得像一张纸，她害怕，害怕因为自己而辜负和耽误了自己心中喜爱的人。

于是，为着心中的那一份爱情，为着对这份爱情的责任，三毛舍弃了，舍弃的是心中那一份眷恋。因为在她看来，自己的那一份依恋较之于两个人的人生实在是太飘忽，太渺小了。

有时候爱一个人不是与他长相厮守，也不是和他执手余生，而是舍弃。为了那个人的未来，为了那个人的安稳人生，舍弃自己的心。

这是一种爱情的至高境界——爱到深处，甘愿放手。

然而，纵是放手，亦是：

天长地久有时尽，此恨绵绵无绝期。

爱情的高度

爱情是一种奥妙，来无影，去无踪，在爱情中出现借口时，借口就是借口，显然是已经没有热情的借口而已。如果爱情消逝，一方以任何理由强求再得，这，正如强收覆水一样地不明事理。

——三毛

爱情有一种高度。

这种高度对于不同的爱情有着相同的意义。

世间的女子偏好把爱情的高度定义为爱人的高度，言下之意便是，爱人有多高，爱情便有多高。女子天性的柔软生而具备，她们总是执着地视爱人如天，自然的，爱情的高度也就会若天一样高。水做的女子本身当然不会有那样的高度，所以爱情的尴尬便出现在此处——仰视爱情。

仰视是一件十分苦情的事情。卓文君仰视恋人的才情，终不过是：六月伏天他人摇扇我心寒。李清照仰视夫君的睿智，亦没有逃脱：帘卷西风，人比黄花瘦。薛宝钗仰视宝玉的爱情，也只是有：纵然是举案齐眉，到底意难平。一色一样的绝世佳人，因为爱情的高度，一生都难得安定。

爱情的高度好似深冷的宫房中低眉顺眼的女子，她逆来顺受，一直在被曲解。

其实爱情的高度并不关乎爱人的高度，它只是相爱的两颗心融在一起后，塑造出来的一种情愫。而这种情愫的深与浅，便是爱情的高度。这便好似两条溪流交织成的湖泊，湖泊的深浅关乎着河流本身，不是其中之一，而是交融后的整体。

古人讲：女子是逐花的溪流，男子是石砌的青山，流水要绕青山而行，方显水之柔美，山之坚毅。这个观点就我个人而言是荒谬的。在我看来，女子不应该是绕山的附属，而应该同样有山的高度。两山根基相连，心意相容，才应该是爱情的正确方式。

想当日李香君剪去尘缘，独守在青灯古佛旁，只留给李渔一个决绝的背影，亦是不肯去仰视他的爱情。这个女子宁愿孤独，终是不会屈就。

女子当是如此：必要的不是为爱人锦上添花，而是独立自主的爱情观念。

教会我这个观点的女子，她叫三毛。

彼时的三毛在马德里，为了让那个叫荷西的男孩彻底放下自己，去赴他自己美好的前程，而接受了一个日本同学。

这位日本同学家境上乘，马德里最豪华的日本料理餐馆便是他家的营生。日本男孩对三毛十分宠溺，他知道三毛正派的个性，断然不会收他贵重的礼物，所以每日便是鲜花攻势。那时三毛所在的宿舍中，总是充满了这位男同学送的玫瑰花香。

彼时三毛单纯而自重，她内心只是觉得这位日本同学的宠爱是一种美好的追求。然而，那位日本的男孩子在与三毛交往了一段时间后，对她已是用情至深，他将这种交往看作是结婚的前奏。

这便是一种爱情的距离。恋爱中的一方已然走到了情之深处，而另一方却还在起点的位置上茫然不知所以。前者在自己的位置上，已然不可回头，踽踽独行的总是感觉孤单而不安定，所以自然便会渴求在后边的那人快快地前行，与自己执手看风花雪月。而后者只是在原地停留着，她看不到前方引人入胜的风景，只是不停环顾，惘然不知向前。

爱情的距离一旦拉开到看不见对方时，便会失去爱情美好的本质，慢慢演绎成一种单恋的悲戚。

后来，有一日，日本男孩买了一辆新车来三毛的楼下求婚。三毛宿舍的女孩子包括修女舍监都十分兴奋地对三毛说："嫁、嫁。这么爱你的人不嫁，难道让他跑了吗？"

三毛在当时只是这样认为：

那时候我们之间是说日文的，以前我会一点点日文。半年交往，日文就更好些，因为这个朋友懂得耐性地教，他绝对没有一点大男人主义的行为，是个懂得爱的人，可是我没想过要结婚。我想过，那是在台湾时。跟这日本同学，也不知道是怎么回事，他在恋我，我迷迷糊糊地受疼爱，也很快乐，可是也不明白怎么一下子就要结婚了。

显然的，三毛在这段恋情中只是一个享受被爱的角色。在婚姻突兀地出现在她面前时，三毛吓呆了。当她和日本同学去郊外的树林里谈判时，三毛细细碎碎地哭了，她觉得心虚，因为她曾经接受过那人的给予，然而她又万般不情愿就范于爱情的逼迫。于是，她只是哭，只能哭。

挚爱三毛的日本男孩见她如此，也是心疼得落泪。他一直说：

“不嫁没关系，我可以等，是我太急了，吓到了你，对不起。”

日本男子的温柔与情义愈发让三毛认识到自己的心。她知道，自己没有爱上他，纵使他千般优异，万般痴情。所以，只有拒绝，为着自己的心，只有这样。

在三毛看来，爱情是纯粹的，是不可有任何一点模糊的。她不在意爱人的高度有多高，情义有多重，她要的是能与自己的心印在一起的那一份情愫。她的爱人，一定是可以与她站在同一个位置上，执手相看朝花暮柳的男子。不管那人是否富有，不管那人是否俊朗，不管那人是否柔情，她只是：愿得一人心，白首不相离。

在爱情观念里，三毛的拒绝是自主的，也是勇敢的。

虽然多年之后，亦是会缅怀，但是，爱情中，本也是应当独立果敢的，尽管自身只是一个纤柔的女子。

后来三毛讲：

当年害惨了那位日本同学，后来他伤心了很久很久。别的日本同学来劝我，说我可不可以去救救人，说日本人要自杀。切腹其实不至于，我十分对不起人是真的，可是不肯再去见他，而两个人都住在马德里。他常常在宿舍门外的大树下站着，一站就好久，我躲在二楼窗帘后面看他，心里一直向他用日文说：“对不起，对不起。”

爱情是没有妥协的，也是可遇而不可求的。爱情来时，心会来告知我们，它来了。若只是为着对方手中的爱情华丽美好而去就范，忘却了心中的淡漠而去佯装兴奋与热情，那便是盲目的，无知的，亦是懦弱的。

爱情需要的是两颗心的许可，两个人的勇敢，而非是那为着攀附与衬托的迁就，若是爱情成为这样，纵是结合，终了亦是枉然。

清冽如三毛，她没有再见那位日本同学，直到离开西班牙，亦是没有。

如是而已

那天，十二月二日，终于大哭特哭了一场。不过才是一个大孩子，担负的压力和孤寂都已是那个年龄的极限。坐得太久，那以后一生苦痛我的坐骨神经痛也是当时死钉在桌前弄出来的。而自己为什么苦读——虽然语文是我心挚爱的东西，仍然没有答案。

——三毛

人生若连绵的山峦，低谷势在必存。

阴冷昏暗的低谷较之于阳光明媚的山巅，总是显得那样荒凉。但若是不曾体会那番荒凉，亦是嗅不到寻常的日光中那一丝轻微的安好。

这就仿如一个常年看不见色彩的人，第一次看到一个即将成熟的苹果，那种感觉应该是惊艳的。在他眼中，那淡粉交织着的胭红，青黄过渡着的棕绿，再和着那细小的妃色斑点碎碎的零落，简直就是无与伦比的绝妙色彩。然而对于每天行走在花红柳绿中的人们，那不过是一个餐后的点缀而已，对于色彩，也只不过觉得红色可能会甜一些罢了。

世间不过两种人，一种是生活的智者，另一种是生活的愚人。

智者的生活中大都是美好的，因为他们的美好来得简单而直

让那些永不醒觉的人自生自灭好了，如果他们抱怨，我们把耳朵塞起来，因为他们不肯对人生、对世界、对生命，有一丝一毫感激的心。

最深最平和的快乐，就是静观天地与人世，慢慢品味出它的美与和谐。这份快乐，乍一看也许平淡无奇，事实上它深远而悠长，在我，生命的享受就在其中了。

我也喜欢把快乐当成一种传染病，每天将它感染给我所接触的社会和人群。

——三毛

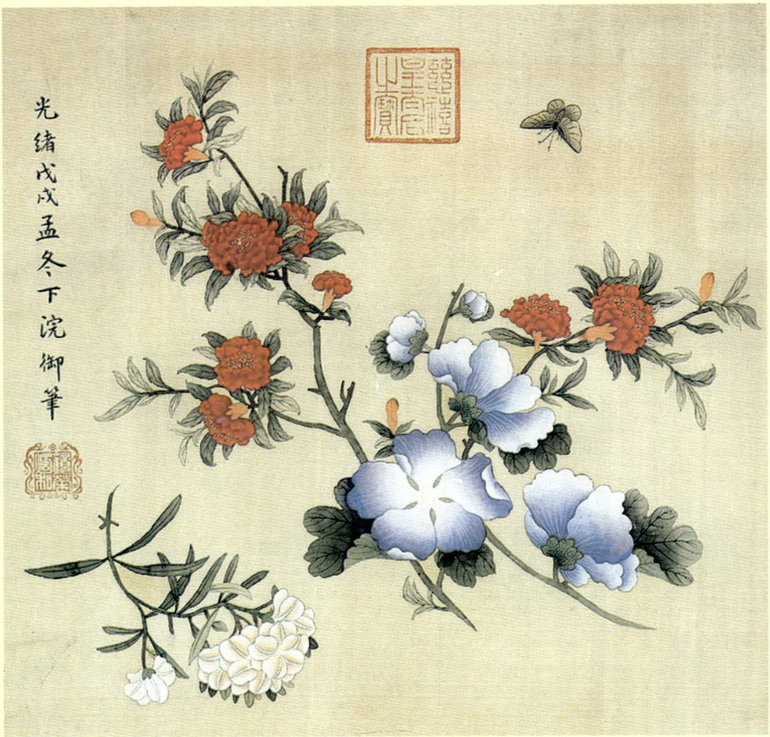

我喜爱生命，十分热爱它，只要生活中一些小事使我愉快，活下去的信念就更加热切，虽然是平凡的日子，活着仍然是美妙的。这份能力，来自那枝小草的延伸，将这份债，不停地还下去，就是生存的快乐了。

——三毛

接。换言之，便是他们的生活不需要对比。于智者而言，平静安逸便是美好，而贫瘠苦难，亦只是看作美好的前兆而已。

愚人的生活中总是愤愤不平的，因为他们定义的美好复杂而极致。简言之，便是当他们住在高档的楼房中时，只会看到附近那一栋小别墅的精致独特；而当他们住进别墅时，又觉得自家院落后方的四合小院典雅别致。在他们的眼中，没有美好，只有更好。

其实人生本该这般过活：身在低谷时，我们仰望美好，便不会十分凄苦；身在山巅时，我们俯视凄苦，便会更觉美好。这样，才是对于生活的透彻理解。

人在生活的旋涡中，谁不曾有过低谷，只是有人将那看作是不堪回首的昏暗地狱，而有人只不过把那看作是一段耐人寻味的回忆罢了。

低谷于三毛而言，在西柏林的那一段时光当是吧。

彼时的三毛刚刚申请了西柏林自由大学哲学系的学习机会。在与校方洽谈之后，她的一切课业都可以通过，只有德语一项，三毛从未涉及。所以不得不先转去歌德语文学院学习德语，而后才可回到自由大学就读。

在当时的德国境内，歌德语文学院学费极其昂贵，课业亦是相当繁重。三毛在这个时段，每日上课时间便要六个小时，作业与背诵更是要十多个小时。这样一来，每日除了学习和吃饭，三毛的睡眠时间是十分匮乏的。而她在成绩上又十分要强，不为旁的，光是想到那昂贵的学费不知是父亲伏案多少个时日才费力得来，亦是再不肯懈怠分毫。

其实那时的三毛也是有男友的，只是没有风花雪月。虽然那个德国男友现在说来有几分好笑，而在当时对于三毛，却只是另一份压力。

在德国，我的朋友自律很严，连睡眠时枕下都放着小录音机，播放白日念过的书籍。他说，虽然肉体是睡了，潜意识中听着书本去睡，也是会有帮助的。他不肯将任何一分钟分给爱情的花前月下，我们见面，也是一同念书。有时我已经将一日的功课完全弄通会背，而且每一个音节和语调都正确，朋友就拿经济政治类的报纸栏来叫我看。总而言之，约会也是念书，不许讲一句闲话更不可以笑的。

便是在这样的状况下，三毛在三个月后的初级考试中，终是拿到了最优的成绩单。那一刻，她欣喜若狂：

拿着那张成绩单，飞奔去邮局挂号寄给父母。茫茫大雪的天气里，寄完了那封信。我快乐得流下了眼泪，就是想大哭的那种说不出来的成就感。

生活的喜悦，绝不是不去面对时的无为闲散，而是迎刃而解后的怡然休憩。三毛在最困苦的条件下取得的成功，方才是最有价值的成功，亦是最难忘的成功。

她好强，却又柔韧，她凄苦，却又欢喜。我们怜惜她的良苦，也为她的欢喜感到欣慰。这个在异国发愤用功的女子，性格中的坚毅，令人敬服。我们爱三毛，便是在这里。

三毛在初级考试结束后，老师见她身体透支得厉害，便建议她休息一段时日再继续进行中级学习。只是三毛不肯，对她而言，生活费来之不易，于自己的良知，亦是无法交代的。

彼时的三毛在生活上亦只有温饱，而在穿着上更是分文不敢舍。她在零下十九摄氏度的冰天雪地中，莫说是长靴，就连一双完整的棉鞋也是没有的。每日上课的途中，那双已经脱底破洞的旧鞋时时都会灌进雪水。于是，那个冬天，三毛便是这样踩着两脚的冻疮，踏着一双雪水浸透的旧棉鞋匆匆地行走在西柏林的积雪中。

纵是这样，三毛还是在之后的一次文字听写考试中，一口气拼写错了几十个词汇。这个小小的打击于当时的三毛而言仿如世界末日一般。她崩溃地跑到男友的住处，伏在桌上，泣不成声。然而当那位一直渴望进外交部的男友看到她的考卷时，非但没有安慰，反而急切地责备她的不够认真，且在之后居然说出了一句："将来你是要做外交官的太太的，你这样的德文，够派什么用场，连字都不会写。"

三毛在听了男友的话后，一言未发，拿了自己的考卷便离去了。她在那一刻亦是没有放下自己的骄傲，只是冷冷地想："你走你的阳关道，我过我的独木桥，没有人要嫁给你呀。"

三毛，这个令人不得不心疼的女子。她那样坚强，坚强得让人想为她落泪。她又那样骄傲，骄傲得我们甚至想要膜拜。她不屑于富有的日本同学，又不在意冷血的德国男友。她为的是她的心，纵是在冰天雪地中赤裸袒露，那又怎样，她还是一样的坚毅而逍遥。

我们爱三毛，偏执地爱她。不是执拗的袒护，而是她的人格魅力，她的特立独行，她的桀骜不驯，都是那样的令人向往而痴迷。

骄傲，独立，洒脱，就是这些，纵只有这些，也足够了，足够我们对她停不下地爱。

三毛在苦难中行走，决绝而特别，茕茕孑立间，仿如一尊塑像，凌乱飘飞的发，明亮坚毅的眸，举在狂风中的手，仿佛有一种那样无形的力量，在三毛的气质中透露出来，那样暖暖的，令人渴望的。像一盏前行的灯光，在透着檀木雕窗上的明纸舒缓地泻出来，让人感觉安定而期许。

其实，寒冷如何，凄苦又如何，不过是一场历练而已，终究也不过是一段往事。甚至，有时那只是一缕清风，一种有着执着方向的清风，它只是要向自己的期许狂奔去。如是而已，莫谈那番苦楚，它只为让我们更坚定自己的心。

一瞥惊鸿

在车站了，不知什么时刻，我没有表，也不问他，站上没有挂钟，也许有，我看不见。我看不见，我看不见一辆又一辆飞驰而过的车厢，我只看见那口井，那口深井的里面，闪烁的是天空所没有见过的一种恒星。

——三毛

我们在人生的某一天，忽然遇到一个突兀的人，不管那人是怎样的容貌，是怎样的气度，即使他在我们身后，我们也会在一瞬间没来由地感觉到他。虽然从未谋面，但熟悉万分。看到他的那一刻，便会让我们感觉安定，即便他匆匆离去，但只是相望的那一刻钟，不，或许更短，我们的心便是从那时起，深刻地记住了那个人，一生再不曾忘记。这该是上一世留下的情缘吧。不然，又能用什么来解释。

三毛在德国时便遇到了这样一个人，留下了这样一段世难忘怀的记忆。

依稀记得三毛当时是在西柏林读书，因为圣诞节将至，所以决定与一位男同学一起到西德去旅行。因为当时她所持的只有本国的国籍，过境时恐有麻烦，所以便必须到东柏林办理过境签证。

便是在那个通往东柏林的车站，三毛在大厅的等候处来回走动，等待着播音器念自己的名字。也就是在这个时间，三毛便也感知到了那个人：

那儿，有一个办公室是玻璃大窗的，无论我如何在一拐一拐地绕圈子，总觉得有一双眼睛，由窗内的办公桌上直射出来，背上有如芒刺般的给盯着。有人在专注地看我，而我不敢也看回去。

心有灵犀是一种很奇妙的感知，第六感是一种很神幻的魔术。在那一刻里，很难说清是这两者的哪一种，但不管是哪一种，这都是一件很妙的事情。也说不好是奥妙，还是美妙，抑或是奇妙，总而言之，这极不寻常。

三毛去东柏林的申请最终也是没有批准，纵是她有着如春花般的笑颜。负责此事的军官即使心溶在她的笑容里，职责在那一时期却终是最重要不过的。

一个人在车站中来回走动着，看看周围的人。她不知该去哪里，所以一直无心离开。不知内心到底是因为无处可去，还是因为有那么一丝牵绊。

直到那个军官走过来，那个如《雷恩的女儿》中英俊逼人的男主角一样面貌的军官。

生息，生而有息，便有记忆。春风的记忆应当是初落时偶遇的那一飘云，夏花的记忆或该是盛开时降落的那一滴露，秋叶的记忆必会是落下时碰触的那一尘土，冬雪的记忆只能是融化时飘忽的那一丝暖。而我们的记忆早已注定是那年，那月，那天，那个人。

他走来与三毛讲话，很快便知道三毛要去东柏林的事情。于是便替她办了一张临时证，在拍快照时，那位军官将三毛的一枚小照放进了自己的上衣口袋中。这个举动让三毛的心不禁震动了一下。

当三毛走过那条通往东柏林的通道时，那位军官深深地看了她一眼，慢慢地说了一句："你真美。"三毛听后，极其伤感，亦是不知该说什么。道了别，便默默地走开了。

后来三毛讲：

人生中，总是会有那么一个人，他是陌生的，却又是熟悉的。但是他又是真实的，就那么站在那里，淡淡的一眼相望，便令人想在他的眸子里甜蜜沉醉。

我们无法追溯这种情愫的根源，因为谁也说不清这是因为自己的多情，还是因为那人迷魂的眸光。世间有太多的事情是我们无法解释的，也是我们不愿去解释的。或者说，这样一段短得不能再短的时光，本也是无源可溯的。

有时便是这样，我们不知会在何处，不拘会在何时，不想会是何人。反正在人生中必会有那么一个记忆，一个短暂的记忆，却是一个永世不忘的再美好不过的记忆，只是关于那一个人，在那一时的光阴中只是一个擦肩回眸，便永志刻骨铭心。

或许那只是行走间蓦然回首触目惊心的那个路人，可能会是狂风中形影相吊踽踽独行的那个哲人，抑或会是山崖处袂角飘飞遗世独立的那个仙人，大概会是山花里放荡不羁高声吟唱的那个诗人，有缘会是尘土上桀骜不驯狂放飞舞的那个世人，再者会是人群外寂然行走默默无闻的那个凡人。

然而便只是这样一个人，只用了仿如一瞬的光阴，却叫人一生难忘。它就在我们的记忆中，一生清晰，历久弥新，不去深究还罢了，一旦细想，便零零落落地牵扯丝丝缕缕的留恋来。

三毛别了那人，在东柏林申请签证时脑中还是迷迷茫茫的，尽是那人的一颦一笑，举手投足。当她被困在返回西柏林的另一个车站时，都还没能从日间那个梦中清醒过来。

她在地下车站中一关关痴痴走着，到了关口时，若梦一般的，接她的竟是那个本以为永世不会再相见的人。

那人熄了烟，默默地走过来，轻轻托着三毛的臂弯。旁边的士兵在两旁向他们敬礼，三毛只是痴痴的，想说什么，却不知从何言起。一直到地下车前，她还是说不出话来。

没有上车，他也不肯离去。就这么对着、僵着、抖着，站到看不清他的脸，除了那双眼睛。风吹过来，反面吹过来，吹翻了我的长发，他伸手轻拂了一下，将盖住的眼光再度与他交缠。反正是不想活了，不想活了不想活了，不想活了……

最后一班车疾驰而来，那人让三毛上车。三毛急急地想说话，却什么也说不出来。那人轻轻地推了一把，三毛还是急，只是急，却仍旧没有声音。直到那人又来推，三毛才狂喊出来——你跟我走。

当然，一位东德的军官不可能去西柏林，因为他还有父母。

之后。没有什么之后了。

怎么上车的不记得了。风很大，也急，我吊在车子踩脚板外急速地被带离，那双眼睛里面，是一种不能解不能说不知前生是什么关系的一个谜和痛。直到火车转了弯，那份疼和空，仍像一把弯刀，一直割、一直割个不停。

就这样结束。疼痛而怃然，决绝而凛冽。仿若做客的人脚步还未迈出那青木大门，而主人已然走在阁楼的台阶深处。亦是因为这样，这段记忆才在心中刻下了一道深深的痕，无法平复，甚至无法愈合。时光久久地过去，它依旧会淌血，会撕心。

多想让三毛拥有一份这样的爱情，在西柏林那样的生活境况下，她多么需要这样一个男子，柔柔地护她，轻轻地暖她，静静地爱她。

然而，天注定的一份邂逅，便只是邂逅而已。没有开始，没有结果。只是一个过程，一种经历，直到后来，变为一段回忆。它不存在于生活的气息中，只是当生活的车厢开出了轨外时，它才会悄然地出现一瞬，当我们回到正轨，它就消逝，了无踪迹。

只是一种可堪缅怀的惊鸿一瞥，如是而已。

总有一刻让人瞬间长大

我喜爱生命，十分热爱它，只要生活中一些小事使我愉快，活下去的信念就更加热切，虽然是平凡的日子，活着仍然是美妙的。这份能力，来自那枝小草的延伸，将这份债，不停地还下去，就是生存的快乐了。

——三毛

对于生命的意义，我们曾经无数次迷茫，探寻，研习。但是最终不过都是会迷失在信仰、宗教、自由意志、价值实现……这一系列的宏大哲学之中。生命确实繁复，却要活出简单的意义。若一生都在哲学与科学中捕风捉影，那便真是枉费了生命最最原始与美好的本质。

在人生这一段悠长的道路上，痛苦与迷茫便好似路边排列好的桦树。它们有时会在某个风起的夜晚，晃动着枝叶来恍惚我们的视线，让我们感觉无助、恐惧、不知所措。

其实，只要心中有快乐美好的信念，生命之路便只是一条平坦宽敞的直行道。纵使有时会有坎坷与苦难，那也不过是成长路上的一块绊脚石。我们只需绕它而行，还是一样可以安稳地一直走下去。

我们心中怀着快乐。行走时便将这些美好传递给身边的人，或者教授给后辈的人。然后和这些人一起坚信着快乐，同行在路上。就这样，舒缓、闲逸的，一直走下去。

三毛是率性而简单的女子。生命于她便是寻找快乐的过程。不局限于时间，不禁锢于形式，她只是身上携带着快乐，自己拥有，然后给予他人，就这样，悠然行走了一生的时间。

1971年，三毛在美国伊利诺伊州立大学。

初到时，三毛住在来之前委托朋友租下的一间平房里。一个月后，搬去了一个小型的学生宿舍。与三毛为邻的都是一些十分用功的外国女孩子，其中住在三毛对面的是个教育硕士在读的刻苦女生。

这个女生每日都要打字到凌晨两点钟。三毛见她如此好学，心中便十分欣赏她的勤奋用功。所以，对于那台打字机总是扰她不得安静读书的事情，也是从来不肯计较的。每日只是默默地等那个女生休息后，才腾出时间，开始阅读。

有时候成长，总是需要一些宽容与欣赏。这样才可以心胸豁达，获得更多的快乐。哪怕是要付出些许心血与时间。这些都是无关紧要的，那只是成长的一个台阶，也只是生命的一个点缀。

三毛就这样在宿舍中相安无事地过了些许时日。后来，忽有一日，那个女生十分气恼地过来责骂三毛，理由是三毛门上的那块毛玻璃透出的灯光，扰得她日夜不得安眠——三毛在当时只有一盏小小的台灯，光线十分微弱。

彼时的三毛已然淡定从容，纵然，那女生实在是多事，言语间又十分刻薄。最终三毛亦是没有争执，只是轻轻地关了门，将那张脸隔在了门外。

便是从那时起，三毛在我们视线中仿若忽然间长大了，不再是那个热烈的孩子。只是在不知不觉间，她好似一下子静了下来，坐在那里，寂然地低着头，变为一个柔情的女子。

人的成熟仿佛都是在一瞬间，当我们还记着那个狂风般的女生热烈的模样时，她却在门一开一合之后，变成了另外一个温柔的女子的模样。

我不知三毛的成熟是在何时练就的，只是从这一件小事后，我不得不换了一种眼光去看她。不再是之前的狂放，而是一种带着沉淀的、含蓄的、内敛的欣赏方式。

这便该是三毛的成长吧。

三毛在美国，学业几乎已经结束。于是，那一段时间，三毛只是奔走在各个事业单位，求职应征。

不知是抵美的第几个长日了，我由一个应征事情的地方走回住处，那时候身上只剩下一点点生活费，居留是大问题，找事没有着落，前途的茫然将步子压得很慢，穿过校园时，头是低着的。

便是在到了美国后，三毛像是一下子长大了。许是因为经济的压力吧，许是因为生活的窘迫吧，许是因为漂泊得过久吧。不知究竟具体是哪一种原因，或者是哪一种都有吧。

人的成长是一个奇妙的过程。有时那会是一辈子的光阴，有时那会是一瞬间的闪过，有时那又会是几载的磨合。这些成长的来临，有时会是在幼年时的一次变故，有时会是在少年时的一次经历，有时会是在结婚时的那句愿意，有时会是在逝去前的那份顿悟。它不拘泥于格式，不受限于时间。只是在人生中的某一时刻，不知不觉间，已然物是人非。

那日三毛像往常一般有些落寞地行走在校园里的草地边。忽然一个“影子”挡住了她的去路。

“来！给你——”他将小草当一样珍宝似的递上来。

我接住了，讶然地望着他，然后忍不住笑了起来。

“对，微笑，就这个样子，嗯！快乐些……”他轻轻地说。

说完拍拍我的面颊，将我的头发很亲爱地弄弄乱，眼神送过来一丝温柔的鼓励，又对我笑了笑。

这是三毛到美国后的第一份礼物。它那样纤弱，那样轻巧。然而就是那一抹小小的绿，让三毛在一瞬间便温暖起来。于她而言，这一株青青的小草便是上帝馈赠的一生的快乐。从此她的行囊中，这株快乐草再也不曾离开过。纵是在多年之后，草儿寻不到了，然而，它所给予的快乐却永永远远地躺在了三毛的心里。

三毛将这棵草作为一笔快乐的债，她一生中都在还这笔永恒的债务。或是一个微笑，或是一声感谢，或是一份信心，或者一句赞美。她将这些还给身边的一些朋友，一位邻人，或者一个似曾相识的面孔，有时又会是一个擦肩而过的陌生人。

这便是三毛令人挚爱的地方。她总是那样带着快乐行走。她的成长，无论是在怎样的境况下，凄苦也好，美妙也罢，她总是守着自己心中美好的信念，坚定而潇洒地快乐着。

她的成长方式那样令人羡慕。

我的快乐是阳光的快乐

短暂，却留下不朽的创作

在孩子双眸里

燃起金色的小火

在种子胚芽中

唱着翠绿的歌

我简单而又丰富

所以我深刻

生命是一片沃野，快乐便是穿行在上面的花朵；生命是一方森林，快乐便是啼叫在林中的夜莺；生命是一汪清池，快乐便是嬉戏在水中的鳟鱼。生命是快乐的栖息地，快乐是生命的同行兵。这便是成长的过程。

远行者的心殇

那一个黄昏，下起薄薄的雪雨来，我穿了大衣，在校园里无目的地走着。我看着萧飒的夜色，想到初出国时的我，再看看现在几年后的我；想到温暖的家，再联想到我看过的人，经过的事，我的心，冻得冰冷。

——三毛

乡愁，是孤独的远行者断肠的心殇。

有时会在宿醉后心中没来由地空荡，好似有一种淡淡的伤怀，就在那里。有时会在狂欢中没来由地哭泣，好似有一种隐隐思念，就在那里。有时会在电影散场时没来由地凄惶，好似有一种牵挂，就在那里。

我们想去触摸，想去探寻。为什么会有这样无端的不安？因为友情，不，那不是朋友会带来的情怀。因为爱情，不，那不是爱情会给予的隐然。那是一种淡淡的，莫名的，隐约的，不强烈，却总是不会散去的，愁苦。

后来我们明白了，那是乡愁。

是一种无论多么长的光阴亦不会感觉熟悉的空气，是一种不管如何美好的香也形容不来的味道，是一种纵是焰火般的热烈也烘烤不出来的温暖。那是思念，亦是因为思念而起的愁闷。

离家久了，便是这样。

那时三毛离家已有四个年头了。她找到了一份图书管理员的工作，在伊利诺伊大学。

开始有男同学约她出去喝咖啡，吃“唐纳子”甜饼。三毛也只是默默地跟了去，只是当那男同学未经她同意便将车开到美丽的校园湖畔时，三毛便已经无心与他花前月下。不知是怎么了，爱情于那时的三毛好像已经索然无味。只是直接地拒绝了，连托词也是没有说的。于是在爱情的月光下，只是演绎了一场两个年轻男女分账的诙谐剧。除此之外，什么也是没有的。

也许只是她感觉疲敝，也许只是她也无心爱情。所有事情看起来都是淡然无味。在美国的那一段时光，我想三毛只是一个在旅途中走累了的行者，她渴望的也许只是安定吧。

天下间有多少异乡人，都是这般。在永远陌生的空气中，慌恐的心所期许的也许只是在天际另一端的小屋中，那一盏昏黄而温暖的灯光。

后来又有一位那样好的男孩子，他是三毛堂兄的同学。第一次相见，便带着午餐，一块丰富的三明治，一只白水蛋，一枚水果。此后，每天都是如此。

后来，有一日，那位男同学过来再来送饭时，突然说：“现在我照顾你，等哪一年你肯开始下厨房煮饭给我和我们的孩子吃呢？”只是这样一句话，三毛有些不忍了，亦是有些不坦然了。只是还是没有说什么，从那之后，看那人的眼光便开始躲闪起来。

有些时候，我们的心会被占据。说不清道不明的一种情愫，就那么萦绕在心间，满满的，总也不肯散去。也是因为这样，我们在心中便是空不出一分地方来接纳，或者说是容下，任何一份东西，莫说是不情愿的，纵是有意的，也是枉然。

彼时三毛的心中，应当已经满是对家乡的思念。她怎会有心去风花雪月，怎会有心去海誓山盟。于是爱情就只能在那里，不忍伤害，不愿接受，有些尴尬的，一直被搁浅着。并非是个无情的人，只是心已是这样的，奈何不得。

于三毛而言，乡愁已是心中抹不去的一片缭绕的轻雾。她在那个时候，所渴望的只是一份淡然的情怀，一种熟悉的安定。这种期许，不关乎爱情，似乎任何一种感情在这种忧愁面前都是无力的。

听到清风吹来，摇曳着枯叶哗哗作响。那都是思念的心绪在倾诉一般，慢慢地磨折着漂浮的心。三毛啊三毛，你在那异乡的桦树下，想的应是叶落归根的缅怀吧。

三毛，清瘦的女子，披着散乱的长发，默然地行走在凄冷荒凉的肃杀之境中，那样令人心酸。她想要那一份白开水式的温良疼爱，那是母亲的软语嗔怪，是父亲的语重心长，亦是熟悉的空气中那一种好听的乡音。

后来三毛结识了一对美国夫妇，他们没有子女，所以一直将三毛看作自己的孩子，对她十分疼爱。

那年感恩节，三毛被请去他们家里吃大餐。饭后，夫妇二人十分兴奋地对三毛宣布了一个于他们而言天大的好消息——他们决定收养三毛，并将在过世后把所有遗产都给三毛。条件便是三毛一生都要守护在他们身边，当然这其中包括不能婚嫁。

那对夫妇只是觉得，庞大的遗产便是最好的馈赠，再也没有任何东西可以与此相比拟。然而三毛只是这样觉得：

这样残酷的领儿防老，一个女孩子的青春，他们想用遗产来交换，还觉得对我是一个天大的恩赐……我这时候看着这两个中年人，觉得他们长得是那么的丑恶，优雅的外表之下，居然包着一颗如此自私的心。我很可怜他们，这样的富人，在人格上可是穷得没有立锥之地啊！

后来，三毛不动声色离开了那美丽的洋房。只是，从那时起，便是再也没有回去过。

与这个美国家庭交往，于三毛而言，只是为了太过思念家的温暖，除此之外再没有任何想法。

只是为了一丝暖，如此简单，却如此难得。

有时太过思念，就会开始臆想。三毛在美国家庭的事情上，怕是就是如此。

她独自行走在寂寥的园中，骨子中都是寒凉。那么令人怜惜的女子，我多想是行走在三毛身旁的路人。我要情切地说上一句——归来吧，归来吧。

坚韧如三毛，自由如三毛，铿锵如三毛。但是，那又如何呢？思念才是真真实实地存在着的。它有时便是切肤的疼痛，让人不堪忍受。何必要忍受——归来吧，归来吧。

行走在街道间，听那一扇落地窗中传来的节日欢歌和相拥的亲人们甜蜜的笑语，怎能不思念，怎会不思念啊。此夜曲中闻折柳，何人不起故园情。我们总是碌碌在异乡的尘土中，或是为了前程，或是为了生存。夜深人静时，才敢任思念流窜。苦楚啊，心酸啊，悲戚啊，何故要如此，何至于如此。故乡有广阔的田野，有无边的土地，容得下你的。莫要自苦了，归来吧。

当思念崩塌

就这样，长长的四整天，我住在一栋全空了的大房子里——完全孤独的。也是那一天，初雪纷飞，游子的心空空洞洞。窗外天地茫茫，室内暖气太足。在安静得令人窒息的巨大压迫下，落一根针的声音都可以听见。

——三毛

枯叶凡要飘落，总要等待一阵清风。人应当也是一样的，在迈开步子前，总是会思虑一阵。等到有一个人或者一件事轻轻地逼近一下，才会向自己已经准备了许久的那个期许进发。仿如我们第一次恋上一个人，在与他亲近前，总是等待着他的手掌轻轻地揽一下，才装作不经意地与他欣喜地碰触一下鼻翼。尽管我们心中已经想过这个场景千万遍。

我喜欢将迈开脚步前的那一段等待叫作情怯。不是不欢喜，不是不期望，不是不热切。只是有那一份小小怯意，才放慢了情怀。在美好到来之前，缓缓等上一小段，就好像对待面前那一小杯热热的茶水，只待空气将它默默冷却到温温的热度时，才敢慢慢地饮上一小口，细品它温软的清香。

三毛亦是一样的，她身在异国，也会思念自己的家乡。只是她也在等，等一个契机，一个能将心轻轻推一下的契机。只要她的心软软地那么一荡，她便会迈开大步，欢喜地回到自己的故里。

只是在那时，身边没有那样一个人，没有那样一些事，所以，她在犹豫，一直地犹豫。

直到那日感恩节过去，圣诞节来临。宿舍的同学都回了家，只剩下三毛一个人在那栋大大的学生宿舍里。她孤寂落寞，心因思乡酸楚。无论以前或以后的三毛是何等自由坚强，但此时，她只是一个思归的游子，悲戚而寒凉。

我守住黄昏，守过夜晚，到了深夜两点，把房门的喇叭锁咔一下按下。我躺在床上，把窗帘拉开。那时，已经打烊的小电影院的霓虹灯微微透进室内，即使不开灯，还是看得见房间内的摆设。

那样寂静的夜晚，三毛一个人，呆呆地望着自己的那一间小屋。也是在那个夜晚，有一个人将三毛大力地推了一把，让三毛的那一缕期望落了地，变为一个切切的决定。

彼时，三毛正在痴痴地发呆，忽然听见楼下的大门被轻轻地推开了。她以为是某一位同住的女孩子回来办事，所以并不在意。

那人在楼下站了好一会儿，才轻轻地上楼来。他直接走到了三毛在三楼的那个房间门口，然后，用钥匙开了门，便进来了。

一个影子，黑人，高大、粗壮，戴一顶鸭舌帽，穿橘红夹克、黑裤子、球鞋，双手空着，在蒙胧中站了几秒。等他找到我的床，便向我走过来。他的手半举着。我猜他要捂我的嘴，如果我醒着，如果我开始尖叫。

我想那时三毛应该是紧张到了极点的。在那样的黑暗中，危险就在眼前。她那样柔弱的一个小女子，应该会被吓得傻掉吧。

其实，有时候人的潜能是无穷大的，只是在寻常时候我们是发现不到它的。但是，一旦到了千钧一发的时刻，它就会突然迸发出来，神奇的力量与智慧，有时候甚至会骇到自己。

三毛感觉那人凑了过来，她没有采取任何举动。只是就着月光，对上那人的眼睛，轻轻地说了一句：老兄，我醒着。

三毛在当时思维是十分清晰的，她知道，对面的人比她还要紧张，一旦她有任何举动，就会刺激到那人紧绷的神经。于是她没有开灯，只是淡淡地说："你不想说说话吗？"

那人见三毛如此，便慢慢地放松了下来。但是他还在警惕地看着三毛手边的电话。三毛看着他的眼神，友好而和善地说："我不会打电话、不会叫、不会反抗你，只请你不要碰我。要钱，请你自己拿，在皮包里——有两百块现金。"

三毛的冷静，在重要的时刻起到了极大的作用。

那人最后还是走了，他什么也没拿，退了出去。三毛甚至还叫住了他，问他如何进来的。

这个特别的女子啊，她如此胆大。我在心中暗暗地佩服她。但是：

我静听，那脚步声踏过木板楼梯，嗒嗒嗒嗒直到楼下。我再听，那扇门开了又合起来，我凝神听，雪地上一片寂静。我跳起来，光脚冲到楼下，冲到大门，把身体扑上去，用尽了全身的气力去压那个锁。我再往楼上跑，跑过二楼，跑到三楼自己的房间，再锁上门……我发觉自己的牙齿格格在响，我全身剧烈地发抖好似一片狂风里被摧残的落叶。我说不出一句话，说不出一个字。

这时，我又开始佩服三毛，不再是因为胆大，而是因为演技。好一个睿智狡黠的女子。这个在异乡如此坚毅果决的女子，她那样的智慧而聪颖。只是在她的心底藏在最深处的还应该是那满满的渴望回归。

愈是要强地坚持，便愈是渴望一份松懈的安定。三毛在那一时间好似一张拉满了的弓箭，只要一个外力缓缓地一搡，她便会经不住那归心之箭。

于我们而言，三毛的这场戏，好似一出精彩的闹剧。只是于三毛而言，这是一件天大的事。便是为着这个，她也是要回家的。

不再犹豫，不再思虑。管它什么前程，管它什么学业，管它什么风景，多美好的花花世界也是抵不上家的那一份安定。

逝去挚爱的那年秋天亦是这样，她满满的心伤痛得无以复加。于是，只有归来，才能歇一歇那疲敝的心。于是急急地收拾了行囊便匆匆地往回赶，直到回到那熟悉的故土：

Echo，又见你慢吞吞地下了深夜的飞机，闲闲地跨进自己的国门，步步从容地推着行李车，开开心心地环住总是又在喜极而泣的妈妈，我不禁因为你的神态安然，突而生出一丝陌生的沧桑。

深夜的机场下着小雨，而你的笑声那么清脆，你将手掌圈成喇叭，在风里喊着弟弟的小名，追着他的车子跑了几步，自己一抬就抬起了大箱子，丢进行李箱。那个箱子里啊，仍是带来带去的旧衣服，你却说："好多衣服呀！够穿整整一年了！"

便是这句话吧，说起来都是满满的喜悦。

好孩子，你变了。这份安稳明亮，叫人不能认识。

回来了，便好了，可以放下心来了。不管是悲伤还是欣喜，家总是一个温暖的小巷，无论是结着愁怨的还是满怀渴望，行走在熟悉的青石板上，就连地上滑滑的青苔亦是一道看来便觉美好的风景。

有时便是这样，我们十分想念自己的家，想念那慈爱的双亲，但是为了更好地活着，为了更广阔的自由，我们迟疑，顾虑，不知如何是好。但是，当一个小小的，或者大大的挫折来临时，我们便义无反顾地放下一切，大步地飞奔，急急地想要回到自己的家中。

其实事后想来，并非是为着那一件不寻常的事，只是因为，心中的思念那么深切，就如高高的沙雕，总是在建到最高处时，被海风吹散，不是因为之前的够坚固，只是因为累积得够高度。当思念一层一层地在心中慢慢堆积，到了最后，它萦绕了整个心房。最终散开时，那思念泛滥成灾，我们不得不歇一歇自己受累的心房。

三毛，终于要归来了。那位为她每日送餐的朋友送她到机场，临别时，默默地说："我们结婚好吗？"你回去，我等放假就去台湾。三毛只是为那个好人理了理大衣的领子，什么也没有说，便走了。那个时候，应当没有什么比归去更急切。

就这样归来了，就这样归来了。

这次远行是一个长长的行程，西班牙、巴黎、慕尼黑、德国、美利坚……这样一大圈的行走，让当年那个为了爱情倔强离去的女孩，变为了一个温良，博学，精彩的女子。

她的游走仿若只是在人生的那条直行道上，又好似穿越了无数个轨外的风景。她俨然是一个丰富，知性，美丽的学者，那样让人着迷。我想，那个有着长长的波浪发，明亮的星眸子，上扬的微笑弧的女子，应当是我们心中永永远远的魅力情人。

我们的心房让她来住一辈子，真是一件美妙至极的人生乐事。

时间给的答案

三毛一生中的重要爱情大都显得平淡，与荷西的几载厮守不过四字：寂静欢喜。到了分离之际，她方才知道，原来爱得那样深。

问世间情为何物？唯有时间知道答案。

游子归乡万种欢喜

归国定居，得宿舍一间，不置冰箱，不备电视，不装音响，不申请电话。早晨起床，打开水龙头，发觉清水涌流，深夜回室，又见灯火满室，欣喜感激，但觉富甲天下，日日如此，不亦乐乎！

——三毛

三毛对于生命的态度，一直是爱得深沉。

她爱生命爱得特立独行，爱得桀骜不驯，是爱到骨子里那样的坚决。她走后的多年里，一直有好事者质疑她对于生命的态度。其实，那只是对她一知半解的人徒生是非的无聊行径。挚爱三毛的人，自然知道生命于她而言，一直是快活而感恩的。至于那年，她的离去，我们实在不必计较。

有时爱的形式千变万化。三毛对于生活或者说生命的爱一直不浮夸、不华丽。她只是默守着时光，像守着稻田的农夫那样，勤谨而执着。所以我说，她的爱，是厚重而内敛的。也许有人不得其解，但是，她本也是活给自己的。

那时的她，游子归乡，万种欢喜，透露出多少对生活的热爱。

彼时的阴雨于她而言只是清凉的快意，行走之中便是云端漫步的浪漫。清风是自由飞扬，行走之中便是随心舞动的舒畅。丽日是温软飘荡，行走之中便是坠入情网的梦幻。飘雪是满眼纯情，行走之中便是置身童话的烂漫。

于三毛，在自己熟悉而安逸的土地上，四周尽是美好。安乐向来都是来自尘埃落定的安全感的，一朝站在自己的故乡，纵是偶尔陌生的一隅，意念中也是满满的熟识和怀念。

那年，三毛回国，执教于台湾文化大学，授德语课业，日子过得十分欢心。

三毛曾诙谐地讲过这样一件教学时的趣事：

上课两小时，学生不提问题，一请二请三请，满室肃然。偷看腕表，只一分钟便将下课，于是笑对学生说："在大学里，学生对于枯燥的课，常常会逃。现在反过来了，老师对于不发问的学生，也想逃逃课，现在老师逃了，再见！"收拾书籍，大步迈出教室，正好下课铃响，不亦乐乎！

从三毛幽默的话语中还是可以很明显地看到她的快乐，一个游走了几载的人，终于回到自己的家乡。她的快乐一触即发。有时便想，那时的三毛是一个平凡而有趣的学者，更是一个轻快而安乐的女子。若是就这样一辈子，她的人生不知会是什么样景象。也许会是一个寻常乐观女子那般安逸幸福一生吧。

只是后来，她悄悄地走，让许多人不解、质疑，甚至于诋毁。但是，三毛实在不是那样活得浅薄的人。

三毛刚刚回国时，便开始了一些体育运动。她的这一举动在当时当真是欣喜坏了父亲。陈老先生一生挚爱体育，总期望自己的子女中能出一个体育上的人才。三毛突然决定学习网球，着实让他兴奋了好一段时日。不仅自己出资为爱女三毛买了二手球拍，还亲自去定制了球衣，甚至为了大力培养三毛的兴趣，出大价钱买了一辆脚踏车供她每日骑去球场。后来，愈发欣喜地连自己也跟了去，每日陪着爱女一起运动。

三毛在当时亦是欢喜的。每日有父亲的陪伴，不时地去做一些体育运动。她甚至在早上的时候，会打上一小段太极。只是有时会打着打着突然忘了接下来的动作，然而便是这样，还是欢快得不得了。

人有时便是这样的，离开的时间太久了，思念也着实太深切了，深切到那份期许好似已然成了心中的一个梦。一日，梦想成真了，那自然是乐此不疲，乐不思蜀。她的举手投足间尽是对生活的知足与乐观，表现的亦只是静悄悄的默然欢喜。

彼时三毛亦是这样，在那一段时光里，她忘却了一切，只是全心全意地沉浸在家的温暖之中。她享受着身边熟悉的空气，还有大街上那些温婉的乡音，就连陌生人的微笑在那时于三毛而言都是一种极其快乐的事。

儿行千里母担忧，一朝归来了，最开心的自然是母亲。在三毛刚刚回国的时候，母亲真是欢喜得不知该如何表达自己的疼爱才好，于是便只有不停地做菜，煲汤，然后哄女儿开心地吃下，才能缓一缓自己心中压抑了几载的母爱。在天下的母亲看来，美味的菜肴便是健康的根本，而子女的健康，便是世界上最重要的事业。

三毛对于母亲表达爱的方式曾这样戏谑：

母亲看我吃，她便快乐无比。我便笑称，吃到成了千台斤的大肥猪而死时，她必定在咽气之前，还要灌一碗参汤下去，好使她的爱，因为那碗汤，使我黄泉之路走得更有体力。

天下间的母亲都是这样的。她们最头疼听见儿女说节食，最开心听见儿女说美味，好似她们所拥有的事业就是做饭菜一样，而她们的顾客也是只有家人罢了。这样想来，总是觉得母亲们太傻了，后来，我们慢慢长大了，方才明白，母亲的事业并非做饭菜，而是给予爱。

这一份爱的给予持续了一生，只要我们开心地接受，母亲就认为，那值得。

三毛回国后，家人对她的决定都是依顺的。只有一件事大家全员反对——开车。当然，最终谁也没有拦得住她。也正是因为没有拦住，才在那个夜晚发生了那件啼笑皆非的事情——三毛一生中最大的车祸。

那夜，风雨交加。三毛的姐姐要在艺术馆开学生钢琴发表会，家人为了给姐姐捧场，倾巢出动。发表会结束后，三毛见雨下得十分猛烈，便让父母等在廊下。因为急着去接父母，所以便加足马力在那片雨中的停车场上慌忙地转向。只是，便是在一瞬间的工夫，三毛同她的小汽车一同沉进了水中。

后来，自然是被救了。只是头顶着浮萍的三毛一直对大弟发疯：明明是个停车场，怎么会突然变成一个大水塘？我问你，这是什么鬼？尽管后来大家都极力向她解释那本来就是一个池塘，只是有人不小心将停车场的牌子放在了旁边，三毛还是不停地癫狂着：

是刚刚变出来的，存心变出来淹死我的，从来没有什么池塘的，这是奇幻人间电视剧——

这个可爱的女子啊！

那夜，父亲陪着一身水的三毛折腾到半夜才将车子钓上来，因为她不舍得自己的车子在水中独自过夜。

这件事后，三毛欢欢喜喜地舍去了她的长发，说是应了一道劫。

虽然我们无法洞察三毛的那道劫到底是什么，但是她在这件事情上表现出的是对生命深深的挚爱与热情。她不舍弃自己的爱车，不放下自己的爱好，尽管家人一直反对。

三毛热爱生活的方式迥异于他人的面朝大海，春暖花开。她只是在自己的心底，润物细无声地默爱，随风潜入夜般欢喜。

这样的一个人，心中对生活的热爱有着狂放式的奔腾。然而，她对这种爱的表达方式却是寂然的，这是一种内敛的厚积薄发。无论三毛的人生最终是以怎样的静态展现给大家，我都知道，三毛对于生活，一直爱得深沉。

这样一个饶有趣味的女子，她于我们的启发，又何止于生活。只是，有时，我们无法将这种细致入骨又万分繁杂的感受恰如其分地表达出来。所以，只能在心中，向着三毛，默默致敬，敬她的宽厚与豁达，随心和不羁。

有遗恨，也有美

飘了几年，回家小歇，那时本以为常住台湾，重新做人。飘流过的人，在行为上应该有些长进，没想到又遇感情重创，一次是阴沟里翻船，败得又要寻死。那几个月的日子，不是父母强拉着，总是不会回头了，现在回想起来，塞翁失马焉知非福，没有遗恨，只幸当时还是父母张开手臂，替我挡住了狂风暴雨。

——三毛

1971年，三毛二十八岁，在台湾。

那时的岁月静好，天的颜色常常是水洗蓝的清澈。三毛与父母生活在一起，过得十分惬意。她每日教书、运动、阅读，日子再和顺淡然不过。但日子总不会全无瑕疵，不过美中不足的也只有些独身的孤寂感罢了。

天下间，是没有完美的生活的。就像是音乐一般：莫扎特那样的音律造诣，作曲的乐谱中也难以规避些许瑕疵。

生活也好，音乐也罢，都是相通的，同样的金无足赤。其实，若真是碧玉无瑕，固然是难能可贵，却总是显得清冷孤傲，令人望而生畏，反倒少了许多情趣在里面。有时看家中断了弦的提琴凄凄凉凉地放在书柜上，便将它擦得锃亮摆在床头，一时便多了许多艺术气。又如同，一时看到红重的太师椅扶手凹凸处的那几点斑驳，便顿觉时光与历史痕迹，是那样厚重而踏实。

三毛，自由而不凡的女子，那样令人向往而挚爱。其实，从众生的高度去讲，三毛亦只是一个生灵而已。她自己也曾说过："我不是一个作家，我不只是一个女人，我更是一个人。"三毛说得坦然而直白，是的，她只是一个人，是一个骨血里十分艺术的女人。

爱三毛的人看到她的自由与纯净，但难免会忽略，她其实也是个平凡的女子，她也会有眼神迷离，看不清世事的时刻。

那时，三毛传道授业，时光充实。闲暇时，她喜欢到台北一隅的明星咖啡馆中独坐。有时会点上一杯咖啡，加上牛乳和白糖，细细地品着苦与甜绵软细滑地交织于舌尖上的丰富。偶尔也会看着自己的手指发呆自嘲，不为旁的，只是觉得孤独是一件可耻的事。

孤寂的心，有时便是这样，像一卷被束之高阁的珍贵古书。外人看来便似被丢弃了一般，其实那只是懂它的人对它的珍爱。但是，世俗的凡眼是不理会这些的，于他们而言，那只是被遗弃的寥寥之物罢了。

三毛的孤独映在明星咖啡馆中那淡紫与淡蓝的灯光交织下，想来应当是如一张复古的照片，静好却带着点苍凉。有些人看来不过光景交错中的一个落寞的女人，但懂欣赏的人自然懂得其中的味道。

那个颓废清瘦的男子，有一头微卷的齐肩枯发，突兀的锁骨下垂着一件色彩浓重交叠的T恤。他微闭着双眼，卷曲的睫毛轻颤着，就那样寂寂地坐在三毛的对面。他瘦长有力的手指关节十分冷峻，偶尔那干枯的食指轻轻跳动，让人感觉莫名的不安分。后来他睁开眼，看着三毛好奇的大眼睛，落寞地说自己是一名画家。自然这个名号，是他自谓的。

就这样，三毛便和这个令她一生都不堪提起的男子结识了。亦是为着这个，我便只说这个男子姓邓吧，名字便不再多讲了。

后来，三毛去了邓姓男子的画室。那些画作一如他衣衫上的涂鸦，抽象而写意，但是绝对算不上上乘的作品。只是在三毛的眼中，那都是充满着落拓气息的极佳画品。

有时，色彩便是一种艺术，哪怕只是乱乱地涂鸦在纸上。我们不去看它的形态与格调，只是凭着内心的知觉去衡定它的寓意，以此仁者见仁，智者见智。三毛是满心艺术气息的女子，她曾说：

绘画也是一种语言，它会召唤我，所以每到一个美术馆去看画展，如果有一张好画，我一定会进去，无论它是什么派别，我都静静地坐在那里看，因为那一张画会召唤我，吸引我，抓住我。

正是因着这样，三毛才将那些画作臆想成了各种美好与上乘的艺术。现在看来，彼时那些作品的价值并不来自画作的本身，而是来自三毛的高度欣赏。

我想，当时三毛一定是心中有爱情了。或者也谈不上爱情，只是一种情结。这种情结缔结于她十三岁看毕加索作品时：

将来长大了，去做毕加索的另外一个女人。急着怕他不能等，急着怕自己长不快。他在法国的那幢古堡被我由图片中看也看烂了，却不知怎么写信去告诉毕加索，在遥远的地方，有一个女孩子急着要长到十八岁，请他留住，不要快死，直到我去献身给他……艺术家眼中的美女，是真美女。毕加索画下的女人，个个深刻，是他看穿了她们的骨肉，才有的那种表达。那时候，我觉得自己也美，只有艺术家才懂的一种美。

有时爱情就是这样，来得莫名其妙。只是因为内心的一种情结，一瞬间便被迷幻了。这便好似曾在杏花微雨中心仪过一位吹箫的倜傥男子，自那之后，就爱上了飘雨的时光一般。又好似曾在一骑绝尘的风沙后捡到过几颗甜美的荔枝，然后每每见到轻尘荡起便能臆想出荔枝的万般美好滋味来。

三毛与邓姓男子的爱情，便是这般吧。他们之间仅有的美好，却只是三毛的兀自幻想。更多的丑恶，是对方的邪恶本质。这样本就是大相径庭的两条不着边际的独行轨，为着看似相同却又截然不同的目的，在那一个特殊的时刻，竟要相交在一起。

这实在是荒唐的。

只是，三毛那时已然沉浸在爱情中难以自拔。在她看来，自己的爱人是踽踽独行的艺术家，有着格格不入的自我情怀，和阳春白雪的曲高和寡。而自己本身，是他的伯乐，旁人只是看不清本质的局外人。他们的爱情于三毛而言是千里马常有，而伯乐不常有的可叹世事，是伯牙子期的高山流水，琴瑟和鸣。局外人一概看不懂的，只有局中人才知其中的韵味有多么美妙。

就这样，三毛不顾所有人的反对，奋不顾身地便要与那人结婚。自然的，这段感情是不可能有结果的。只是，三毛知道得有些晚。在结婚前夕，三毛终于得知，这名邓姓男子早已有了家室。

后来，其实亦是没有什么后来的。只是那邓姓男子还一味要赖，最终，还是三毛的父亲小心翼翼地赔上一栋房子了了此事。

三毛这段不堪回首的往事，确是荒谬无稽。

然而若是没有这段往事，三毛亦是没有后来的宽恕与胸襟。我们看三毛亦只是永远荡在风沙中，模糊不清。只因这段往事，我们心中的三毛方才惟妙惟肖，有血有肉。

她也只是一个女子，平凡而多情。然而，正是为着这个，她的不凡方才能那样清晰，让我们挚爱，那种棱角分明的深刻感，若是只有三毛的文字与沙漠，是断断演绎不来的。

三毛亦有瑕疵，亦有冲动。但是，这并不影响她人生整体的完美与情趣。我们看她，只是觉得她愈发的真切，愈发的令人向往。

三毛的一生都像是在前行，无论是学识还是观念，不管是爱情还是性情，一直都是那样默默地在进步和完善。只有这段尴尬的情感，像是停滞在了原地，那时的她，只有沉寂和懊丧。然而，亦是为着这个，三毛方才有了平静的心。

其实一直前行的人，都是面目狰狞的。只有懂得沉静的人，才那样温润、纯良，令人感觉丰盈而饱满。

人生莫要奢求无瑕，欠缺与遗憾有时也是一种美，一种较之完美更有趣味的丰饶之美。

情不知所起

云淡风轻，细水长流，何止君子之交。爱情不也是如此，才叫落花流水、天上人间？

——三毛

细水长流的爱情，透着悠远与绵长。不急湍，不奔放，却暗藏着生如夏花的绚烂。那样温润纯良的相爱，柔和得仿如历经万年的羊脂玉，在长长久久的岁月抚摸下，自然地散发着暖人心怀的气息。

其实在淡淡的流年浮尘中，轻缓的爱情下都有着摄人心魄的瑰丽。就好似虚怀若谷的古琴音色中蕴藏的曾经沧海一般，浓情蜜意已是浮云阡陌。

三毛一生中的重要爱情大都如此。平凡，淡然，却异常挚爱。一如与荷西的几载厮守那样，平凡的情投意合，默然的寂静欢喜，到了分离之际，方才知道，原来爱得那样深。

三毛成年之后的爱情，有一种爱尔兰诗人叶芝诗文中内敛，温暖的气味。那样舒缓似大提琴低沉的情愫一般，又像一部布满尘埃的回忆录，寂寂地躺在书柜一隅。

当年华已逝，你两鬓斑白，沉沉欲睡，

坐在炉边慢慢打盹，请取下我的这本诗集，

请缓缓读起，如梦一般，你会重温，

你那脉脉眼波，她们是曾经那么的深情和柔美。

多少人曾爱过你容光焕发的楚楚魅力，

爱你的倾城容颜，或是真心，或是做戏，

但只有一个人！他爱的是你圣洁虔诚的心！

当你洗尽铅华，伤逝红颜的老去，他也依然深爱着你！

炉里的火焰温暖明亮，你轻轻低下头去，

带着淡淡的凄然，为了枯萎熄灭的爱情，喃喃低语，

此时他正在千山万壑之间独自游荡，

在那满天凝视你的繁星后面隐起了脸庞。

三毛的容色算不得绝色倾城，但她有着独特的韵味。虽不曾有幸见过三毛的灵动风采，心中对她却是有着一种执着的描画，总感觉她的外表热情奔放，心却沉静寂寥，而灵魂又放荡不羁。

三毛较之叶芝的沉淀好似丰富些许。她是自由的，亦是幸运的。因为她心中的温存好似有着万种风情的魅惑，让许多男子一生倾情。虽然他们的爱情都是细水长流的平淡，但亦都是那样矢志不渝地爱着。

彼时三毛刚刚放下了那一场颓败的情伤，在父亲的陪同下每日打网球锻炼身体。陈先生的球友中有一位德国教师，气度翩然，为人谦和，与三毛十分谈得来。

起初时，三毛与德国教师在一起交流网球技术，后来熟络了，便一起讨论一些学术问题。德国教师乐于助人，不时为三毛在她的德语授课中解答些繁杂的德语文法。后来时日长了，德国教师被三毛的智慧与博学打动，悄悄爱上了这个气质独特的女子。但是，两

人都是谦逊的礼仪人，自然也是没有互相交换过住址或联系方式。

中途有几个月的时光，三毛经历了那场失败的感情，一直没再去过网球场。当时，德国教师心焦到不行，但是又苦于没有三毛的任何讯息，于是只是每日默默等在网球场，纵是阴雨天，也只是忧郁地撑着伞，守望在那里。

《牡丹亭》讲情不知所起，一往而深，德国教师当时对三毛的爱便当是如此吧。只是淡淡的几次谈话，偶尔的几个眼神交错的瞬间，便叫这个四十五岁的德国男子心潮迭起，升腾出了对爱情的急切与期盼。

想来也并不奇怪的，彼时的三毛成熟而窈窕，周身都散发着迷人的气韵，再加上与生俱来的绵软嗓音，性子中又有着西方文化的热情与率真。这样丰富的女子，若是展颜一笑，那必是春花烂漫，任是怎样的人，也是会沉醉痴迷的。

青鸟不传云外信，丁香空结雨中愁。这样的愁闷讲当时等待中的德国教师虽不十分贴切，情境却也是对得上的。所以，当那一日三毛出现在球场时，德国教师一眼便望穿了熙攘的人群，寻到了那一个渴望已久的身影。

就这样，在一个简易的饮品店，德国教师向三毛表白了。他眸子中带着化不开的情愫，那样温柔，那样轻慢。然而那满满的缭绕还是令三毛心动了。

其实爱情有时最重要的不是两人的激情冲动，亦不是包容敬爱，而是平淡的相互欣赏。德国教师是谦谦的君子，温良而多才。三毛是纯善的淑女，知性而博学。就这样，好似天作之合一般水到渠成，无须浪漫的情境，也不在于多情奔放，就那样自然的，便在一起了。

三毛之前那场轰轰烈烈的爱情好似自惭形秽了一般默默地烟消云散去。她看着眼前那样淡然的美好，不知不觉间便已宽恕了他人，放过了自己。就这样，静静地将自己的生活交与了那个有着软软的、暖暖的眸光的人：

那一回，一年之后，我的朋友在台北的星空下问我："我们结婚好吗？"我说："好。"清清楚楚的。

我说好的那一霎间，内心相当平静，倒是四十五岁的他，红了眼睛。

就是这样简单如薄云的天空，一目便可了然。没有年轻人以爱情为信仰的单膝跪地，也没有红艳热烈的玫瑰花，有的只是两颗心从容淡然的笃定。然而，这便足够了，亦是只有这样的平凡安好才算得上是爱情最和美的姿态。

爱情是一条绵绵的橡皮绳，细水长流的悠远可以将绳子拉得更长。哪怕是在时光隧道之外的空间里，爱情的长度也会被两人的从容平淡多拖出几丈远。

三毛的这一份爱情看似来得简单容易，其实在这些平淡的美好背后却有着深厚的沉淀。德国教师的谦和来自岁月与文化，三毛的成熟来自过往与积累。这每一样说来便是平凡如浮尘，然而若细细地究来，都是繁复而杂乱的章程。

平凡、淡然、沉静铺就的爱情之路，让人感觉踏实而有着落。这样行走起来，爱情的归宿自然会在不远处。两个人尘埃落定，彼此欣赏，惺惺相惜，这便可以使得爱情一直走下去。

时光碰碎了爱

爱到底是什么东西，为什么那么辛酸那么苦痛，只要还能握住它，到死还是不肯放弃，到死也是甘心。

——三毛

爱情若是到了深处，生死当真是一件可以置之度外的事吗？想来也只是《牡丹亭》中带着戏剧渲染的弦音可以如此传奇。杜丽娘的长袖凄迷着，痴情的眸子托着泪光，那样戚戚哀哀地转身回望，微启着朱唇，寥寥地拖着长调娓娓道来：生者可以死，死者可以生。而平凡的生活中，生死便只能是爱情上空那一声凄厉的惊雷，那样剧烈而惊悸的霹雳而来，令人不堪忍受的苦恸。

彼时三毛与德裔男子，婚期将近，二人正甜蜜地预备着婚礼的琐事。谁也想不到噩梦在那时已然逼近。

那天早晨我们去印名片。名片是两个人的名字排在一起，一面德文，一面中文。挑了好久的字体，选了薄木片的质地，一再向重庆南路那家印刷店说，半个月以后，要准时给我们。

两个人细致地挑选着属于二人的名片，好似书写合婚庚帖一般谨慎，小心翼翼。他们对待婚姻的态度十分明朗笃定，只是为着彼此都心照不宣地感觉到对方就是那个对的人，便确定地将自己的人生托付了进去。

我们相信那时的三毛是幸福的，她那颗放逐了半生的心，在当时是渴望一份安定的。而她当时的爱人，便是一个那样安定而稳重的男子，这个男子给了三毛所期许的归宿感。

然而，便是这样安好、本分，没有瑕疵的相爱，天公亦是嫉妒的。

那盒名片直到今天还没有去拿，十七年已经过去了。

说“好”的那句话还在耳边，挑好名片的那个晚上，我今生心甘情愿要嫁又可嫁的人，死了。

医生说，心脏病嘛，难道以前不晓得。

“死”，一个看来便觉心凉的字眼。在撇捺弯曲的笔画中透着恐惧与绝望，好似黑暗中影影绰绰的鬼影一般，令人不敢直视。便是在三毛最幸福的时刻，这样惨淡的字眼带着阴风与冰雨劈头盖脸地袭击而来。那样好的人，在一瞬间便陨灭了。他是三毛挚爱的男子，是三毛决心一生相伴的爱人。就这样，急急的，匆匆的，离去了。

爱人的逝去，于当时沉浸在幸福中的三毛无异于晴天霹雳。她在那个时候，心已是冰冻了的，好似冬眠的动物一般，已然成了行尸走肉。

三毛在讲这件事时，字里行间尽是凄惶。就那样简简单单的几笔文字，透着的是无望的心声。想来亦是不能多言的，因为心已然承载不了那样多的恸。就那样，一时间，她变成一个空空洞洞的傀儡，食不知味，生无所望。

其实，死亡于三毛本身而言，也许并没有那样可怕。因为她一生洒脱，是一个十分注重生命过程的女子。至于结果，她向来豁达而坦然。然而，爱情于三毛的意义却是不同的，非凡的，它远远地超过于生命的价值。她的一生，执着地崇尚着爱情，痴迷着爱情，所以，当死亡将爱情永远地带走时，那一瞬间的三毛，神思已然溃崩了。

爱情可以超越生死，然而生死亦可以摧毁爱情。若说生可以死，倒尚可勉强；死可以生，便只是传奇，只是故事。现实的生活中，一个人的离去，便是一段爱情的消逝。本就是两个人的对手戏，恍然间变成了孤寂的独角戏，哪还会有那样的情味与气韵。

于是，在那样一段灰暗的时间里，三毛没有表情，没有情感，甚至连味蕾都已失去。在挚爱的人的葬礼上，她连眼泪亦是不会流了。就那样木木的，呆呆的，成了一个木偶。每日吃饭便只是痴痴地咀嚼下咽，休息时也是僵僵地躺着。她没有知觉，没有思维，只是由父母牵着，护着，一日日地消沉着。

几年后，三毛谈起死亡，那样寡淡而松弛。想来，亦是半生的分离与永诀将她磨砺成了那样清淡的人。对于生死，三十三岁时的三毛曾这样对父母说：

回想三十三年来的岁月，有苦有乐，而今仍要走下去，倒已是有点意兴阑珊了。我的半生，到现在，已十分满足，金钱、爱情、名声、家庭都堪称幸福无缺，只缺健康的身体，但是，我也无遗憾，如果今后早死，于己于人都该贴红挂彩，庆祝这样的人生美满结束，我的心里毫无悲伤，只有快乐。自从去年大哥死去之后，我细想了一下，死的人去了，是安息了，是永恒了，生着的人，不应该悲痛，要有坦然的心胸去接受人生的现象，这也是我近来身体极不好之下，想到你们，而要劝告你们的话，人生的长短和价值，都是一样，一旦进入死亡，那就是永远地活下去，没有什么好悲痛的，请你们一定要明白这个道理。

经历生死的人可以看淡死亡，没有经历过的人必然还是要悲伤。逝去爱人时，三毛二十九岁，她还那样年轻，死亡于她而言还是寒凉刺骨的，更何况，一同离去的还有她痴迷缠绵的爱情。

爱情没能让死者复活，却当真让生者伤心欲死。寒凉的情境让三毛的心再也温热不起来，她没有了爱情，便似没有了灵魂，亦是没了生的期许，于是，凄厉的一幕如约而至。

那日，许久未出门的三毛告知了父母后，去了朋友家。在与朋友交谈的中途，友人起身去接电话，三毛便在那个空当吞下了大量安眠药，被发现时，已深度昏迷。后来，送去医院时气息都已孱弱，然而，上帝在最后的时刻亦是没有收留她的灵魂。最终，三毛自杀未遂，因抢救及时，获救。

电影《请求》中，男主角在决心死亡后，决绝地对女主角说：死也不能将我们分开。然而，又怎样呢？苏菲亚最终还不是含着眼泪悲戚地活着。

我曾说，时光是生活的句号，它又何尝不是爱情的句号啊。死亡中断了光阴，又何尝不是中断了爱情啊。

爱情可以超越一切，但是终也抵不过死亡，抵不过时光，亦抵不过心的楸然隐去。

我们的爱情不屈着，不屈着，终了了，还是会败在死亡的面前。

停不下的远行

其实，再度出国一直是我的心愿，我是一个浪子，我喜欢这个花花世界。随着年岁的增长，越觉得生命的短促，就因为它是那么的短暂，我们要做的事，实在是太多了。

——三毛

1972年，三毛收拾好爱情逝去的心伤，决心再次远行。

终究还是个停不下来的人，没有了爱情，没有了安定，只能再一次流浪，纵然漂泊总是苦，亦是停不下来的。

回望三毛的一生，多数的时间是在异乡漂流。想来也并非都是为着爱情，还是因了她骨子里蠢蠢欲动的渴望，她迷恋放逐。人生如梦，是常人性情大作之时的感慨，然而，对于三毛，人生真真像极了一场梦。她在三十岁之前便已经在如梦的境地中游走了西班牙、巴黎、柏林、芝加哥，还有台北。多少个时日，三毛是在陌生的地方醒来，她有时甚至在晨起的阳光中，需要用力思考自己身在何处。所以，她时常打趣自己："真不知是蝴蝶梦我，还是我梦蝴蝶，颠颠倒倒，半生也就如此过去了。"

1971年，她归来，带着期许与思念，欣喜地回到台北。在三毛心中，彼时的回归是要落叶归根，寻到自己人生的归宿的。然而，世事难料，失败的爱情、扼腕叹息的婚姻，一股脑的悲伤侵袭而来，在这些无奈面前，三毛亦是没有逃避，决绝地选择了坚强。她的坚强，便是要独自敞开心胸去面对一切苦难与未知。于是，她便又要离去。

回台三年，我有过许多幸福的日子，也遭遇到许多不可言喻的伤痛和挫折，过去几年国外的教育养成了我刚强而不柔弱的个性。我想在我身心都慢慢在恢复的情况下，我该有勇气再度离开亲人，面对自己绝对的孤独，出外去建立新的生活了。

尽管都说女人如水，但世间就是有这样一种倔强而坚韧的女子，精神中的韧性无时无刻不在散发着力量。她不屈就于悲伤与苦难，毅然决然地选择独自去面对。尽管前程未卜，尽管无奈，尽管生活无数次残忍磨砺，她也始终坚信世事的美好。

决心定下来，便开始思索，这一趟，要去往哪里。

那时，台北一位友人转交了一封信给她。那是一封来自西班牙的信，信中有一个希腊神话中海神一般模样的年轻男子，他留着大胡子，站在潮起的海浪中捕鱼。三毛记得，深深地记着，那个男孩子，明眸皓齿，总是拿着法国帽，烂漫地笑着。那张照片是他的近照，他在信中那样切切地讲：

过了这么多年，也许你已经忘记了西班牙文，可是我要告诉你一个秘密，在我十八岁那个下雪的晚上，你告诉我，你不再见我了，你知道那个少年伏枕流了一夜的泪，想要自杀？这么多年来，你还记得我吗？我和你约的期限是六年。

是了，是那个曾经让三毛无尽欢喜的男孩子，荷西。六年过去，他来提醒她当初的约定。

三毛曾讲她对西班牙有着一种近乎于乡愁的情感。这种感情许是西班牙人的直白纯善让三毛感觉自在，许是西班牙的风景过分旖旎动人，又或者，是那里有一个值得牵念的人。无论真相是怎样，三毛读完了信，热热地写了：荷西，我回来了。这一下便定了去处：西班牙。

如此这般，便是又要分别，母亲自然是千般不舍，甚至一起跟去了香港送别。然而，纵是送得再远，亦是要别。登机之际，三毛看着母亲凄离的眼睛，心已是痛得无以复加：

不要望吧，望穿了我也是要分离的。移民的人问我填了离港的表格没有，我说没有，讲话时声音都哽住了。挤出队伍去填表，回头再看了母亲一眼，再看了一次，然后硬下心去再也不回头了，泪是流不尽的，拿起手提袋，我仰着头向登机口走去。就那样，我再度离开了东方。

默然的一转身，便又走了。

三毛离去如许年，心中对她的每一次离别还是不能释怀。每每读起她分离时的文字还是觉得感伤，仿若那离别还在眼前一般。

休休，这回去也，千万遍阳关，也只难留。

就这般，便又去了，心中想讲一句休休，又怕她凝视异国的流水时，再添一段新愁。

唉，休休，休休。

我们看三毛远去，心中总是痛楚。知道她亦是伤怀的，但又总是那样决绝地不回头地走。倔强的女子啊，你勾起了我们多少心殇。然而，愈是伤痛，便愈是爱她爱得紧密。

你向前走
你没有回头
像时光顽皮的开溜

你向前走

你没有回头
像舞娘离场的衣袖

你向前走
你没有回头
像诗人清冽的消瘦

你向前走
你没有回头
像流沙倾倒的沙漏

挚爱的人啊
你且慢慢地走
我必不戚戚地留
只是，你走在异乡的枫林中
莫怀忧愁

挚爱的人啊
你且快快地走
我亦不眼泪横流
只是，你踏在熟悉的归途时
莫要佝偻

我只愿一直匍匐在故乡的风土中
待你归来

执一执你飘忽的袖

（附：本来此篇只是想写来怀念三毛的再次离去的，但是她在行程中的那件事，一直令我记得深切，于是提笔再来附上这一小段往事。）

那次，三毛从香港起飞，时程二十一个小时。清晨六点到了英国，然后要转去另一个机场飞去西班牙。

麻烦就发生在英国入境处的移民局验黄皮书时。三毛因为要转机，所以身上有两张机票，英国移民局便是因为这两张机票而怀疑三毛意图偷渡入境。

后来三毛在众目睽睽之下，被带上警车。彼时，这个可爱的女子竟打趣说："真是出足了风头，我的流浪记终于有了高潮。"

有时，真心敬服三毛的乐观豁达。

然而，真实的情况一点不容乐观。三毛被带到关押处，发了囚衣，分配在一间小房子中。她在当时还只是感觉牢狱之灾许就是一个好玩的经历，所以在里面四处晃荡，看电视、喝咖啡、和狱友画画聊天，还跑去和公务人员讲台湾的经济文化，连家里的电视中播放的电视剧都一一数来。这个兴兴的女子啊，最后，连小外甥的大力水手画都被她贴在了监狱的门上，说是做个纪念。

直到三毛被叫去训完了话，又请律师未果后，她才慢吞吞地想要紧张起来。急急地跑去找人理论，才发现，大英帝国已经准备诉讼她。

这一下，便气恼了起来。因为她感觉英国移民局伤害了她的尊严。

于是当英国的公务人员请三毛站起来听有关于她的宣判时，她气愤地坐着说：

我不站起来，你也请坐下。我拒绝你讲话，你们不给我律师，我自己辩护，不经过这个程序，我不听，我不走，我一辈子住在你们拘留所里。

移民官拿这样的倔强女子实在没办法，只得强装着一本正经地告诉她：首先她护照不被认可，其次入境理由不予批准，再者有偷渡意图，最后判决驱逐出境，目的地西班牙。

移民官念完后，要三毛签字，然后她就可以走了。谁知她竟毅然拒绝了，并且提出要人家听她讲话，讲完后才会签。

移民官无奈，只得由得她说。三毛深吸一口气，将心中的气愤一股脑地倾泻出来。对于护照不被认可，三毛只是说：混账。不予入境和偷渡，三毛说，西班牙比英国的风景好得多。至于驱逐出境，她说，我一直都在境外。最后，她要求移民官更改判决书，将原文改为：给予转机西班牙。她甚至在结束时大胆扬言，若是被遣回香港，便要将英国移民局告上国际法庭。

这个大胆的女子啊，她对于自己的尊严当真看到比生命还要重，对于国家的责任感更是一刻不会忘却。她的勇气，实在令人敬服，她的话，说得铿锵有力。

最后，还是英国移民官说了好话，亲了手指，甚至派了免费的士送她到机场，她才乖乖地拎着小手袋走了，自然，这件事也才算是完美收官了。

三毛，像个勇士一般的女子，总是那样坚守着自我，维护着国家。她的精神，无须多言，效仿便可。

这便是三毛，1972年的远行。

但愿人长久

我爱你，没什么目的，就是爱而已。三毛不肯停下追逐自由的脚步，绕了一大圈又回到了荷西身边。那种感觉也许正如旅行中的人在某天早上醒来，发现不在别处，正好睡在自家的床上。

因为爱情愿意等待

绕了一圈地球，又回到欧洲来，换了语文，再看见熟悉的街景，美丽的女孩子，久违了的白桦树，大大的西班牙文招牌，坐在地下车里进城办事，晒着秋天的太阳，在露天咖啡座上看着来来往往的行人，觉得在台湾那些日子像是做了一场梦；又感觉到现在正可能也在梦中，也许有一天梦醒了正好睡在台北家里我自己的床上。

——三毛

1972年，三毛回到西班牙。

生命中，有时会有一段这样的时光。每日忙碌工作，闲暇时与朋友疯玩，一个人兴起时走在街上看路人。这样的生活看起来十分平淡而正常，但是，午夜梦回间又总会感觉莫名的孤寂，心中好似散沙一般，理不出头绪，说不出所以然。

我习惯将这样的时光叫作等待，亦不清在等待什么。或许只是一个生活的重心，又或者是一份信仰，也有可能是更实际些的，譬如说一段爱情，一件最想做的事。

那时，三毛在西班牙已经找到一份教英文的工作，并兼职为《实业世界》撰稿，日子过得十分充实。

大城市的生活，五光十色，加上同住的三个女孩子，又都是玩家，虽说国籍不同，性情相异，疯起来却十分合作，各有花招。平日我教英文，她们上班，周末星期，却是从来没有十二点以前回家的事。

说是糜烂的生活吧，倒也不见得，不过是逛逛学生区，旧货市场，上上小馆子，跳跳不交际的舞。

便是这样丰富而多姿的生活，三毛也觉得孤独，不为旁的，就只是觉得生活的姿态太过空洞。这便好似缺了强拍的音乐一般，平和寂静地顺流着，永远感觉不到情味，亦是没有乐趣。所以，那时三毛喜欢将自己假想成《第三集中营》中的史蒂夫·麦昆，在西班牙深夜空旷的马路上骑着借来的机车飞奔。她这般行为，不过是想在生活里画下个强拍符号，刺破平淡背后的苍白。

其实这也是无用功，她还是要等，等着星星绕月的存在感。

后来当真有这样的一个人。那位西班牙历史考古博物馆的馆长，二十七岁，十分英俊，性情开朗。彼时都是热衷于文化的人，所以十分谈得来。这个对三毛十分有礼的男子，叫摩西。

摩西是马德里本土人，平时工作十分严谨克己，对于三毛又十分尊敬，总是在三毛上课门外的冷风中默默地等，只是那样静静地候着，从来也无异议。三毛在生活贫乏时遇到这样的男子，自然喜不自胜。她甚至在给父母的信中兴兴地将这份感情写作：花开花谢无间断，春来不相干，唯有此花开不厌，一年常占四时春。

那些时日，三毛当真是幸福到不行。

为了跟摩西外出，她甚至第一次感觉到自己的衣服实在太少，但是又苦于西班牙的服饰价格贵得离谱，于是不得不在家书中提及了这份尴尬，直到母亲为她寄来那一整包光邮费便要七百五十台币的漂亮衣服时，她才高兴起来，去赴摩西的约会。三毛甚至曾在那段时间感觉，她能够嫁给摩西，便是再无遗憾了。

然而，这样热烈的爱情开端，亦没能让三毛一直幸福下去。几个月后，三毛在给父母的信中淡淡地说：

想来想去，还是不能结婚，我这个人很难，别人差，要看不起，别人强，又不服。还是跟着爹爹、姆妈一辈子好了，我觉得这个打算不错。

这段感情，个中细节，自然无从细究。但是，我们还是可以从三毛简短的几句话中看出，摩西不是那个对的人。

有时爱情不能一直众星绕月地华丽着，因为这样总是不平衡的一种姿态。只有地球与月亮公转自转间的相互感才是最得当的爱情形式，因为爱情本就该是在认知高度上对等的两个人，盈盈一水间，脉脉不得语，还能用眉目传情的美妙形态。

如此这般，便是又要等待了。只是，这一次，期许那是一个对的人。

那时，荷西的妹妹总是催促三毛给即将服完兵役的荷西写信。后来，三毛果真写了一封，她在信中十分简短地用英文写了：

荷西！我回来了，我是Echo，我在××地址。

荷西收到三毛的信，自然高兴到发狂。只是遗憾的是他不懂英文，尽管他拿着三毛的信找遍了整个营房，也还是没找着一个能看得懂的人。于是，荷西只得从西班牙南部打来长途，告知三毛，他过些日子便可以回到马德里，并一再嘱咐要三毛等他。

荷西说，他23日便可回来，可是三毛将这个男孩归来的日子抛到了云外。23日那天，她很晚很晚才到家。这个男孩子打了几十次电话来找她。

她的好友打来电话，说有要事相商，请三毛到她家里去一下。三毛到了女友家，被直接接到了客厅，并被要求闭上眼睛。三毛怕是朋友的恶作剧，便背着双手警惕地站在客厅里，一动也不敢动地等着。便是这样一个闭眼等待的瞬间，三毛等来了她一生的惊喜。

突然，背后一双手臂将我拥抱了起来，我打了个寒颤，眼睛一张开就看到荷西站在我眼前，我兴奋得尖叫起来，那天我正巧穿着一条曳地长裙，他穿的是一件枣红色的套头毛衣。他揽着我兜圈子，长裙飞了起来，我尖叫着不停地捶打着他，又忍不住捧住他的脸亲他。站在客厅外的人，都开怀地大笑着，因为大家都知道，我和荷西虽不是男女朋友，感情却好得很。

便是这样，才找到那个令自己欣喜若狂的人。曾经错过，长长的等待，有一天他突然出现，那样意想不到，不在你眼前，不在你心心念念他可能出现的所有地方，却在你身后，你回头望的一瞬间，他那样理所当然地将你揽入怀里，担起永远的守望与等待，担起一切安逸而渴望。这便是，蓦然回首，那人已在灯火阑珊处吧。

我们喜欢将时间花费在等待上，因为我们深信会有那么一个人，那样让自己感觉到生活的存在感，那样让我们对待他像对待信仰一般虔诚而真挚。

我们祝福三毛，她那样幸运，因为爱情，心便愿意等待。

对于三毛与荷西，我们只能说——因为爱情。

我爱的目的就是爱你

我爱你，没有什么目的。只是爱你。

——三毛

爱情于荷西，是一项事业，不存在选择有或者没有。只要在一个瞬间看到了爱情的影子，他便再也不会停下追逐的步伐。他的爱情绵长悠远，是一辈子不会舍弃的坚贞，哪怕为此失去自己。只要生命不停止，爱情便不休憩。

对于爱情的感知，荷西的态势还是更令人动容。他的爱情是一种坚守，是一种可以永存的生息。它是厚重的，是沉淀的。他恋了三毛十二年，用整个生命历程去诠释爱情。有时觉得，三毛对于爱情的后知后觉竟不能与荷西比。今日实在是忍不得，三毛之所以是三毛，是因为她有了荷西的爱情。

荷西对三毛的爱，实在令人艳羡得紧。

那一年冬天，三毛与荷西在马德里的公园里谈天。荷西问及三毛明年的计划，三毛快活地说了她的想法。渴望流放的女子，撒哈拉沙漠于她有着前世回忆般的乡愁，所以，沙漠之旅，她定要去的。而荷西，当时刚刚结束了学业与兵役，他所挚爱的海水早在心中念了千万次，所以，他急切地等待能带着自己心爱的三毛一起在海平面上相拥看日出日落。然而，若是都为着自己心中的风景，那便又要分离了。

荷西看着面前的爱人，第一次有些懊恼。他沉默下来，又一次低声问了三毛。得到了势在必行的答复后，他便只是低下头，说了一句，好。

荷西，为爱痴狂的男子。三毛如此幸运可以与这样的男子相恋。我们爱三毛，她的这一份幸运，亦是我们的幸运。如果没有荷西，三毛不会有那样的情怀去写那样的文字，我们亦看不到三毛笔下生动而瑰丽的沙漠和阳光和丽的生活。

次年二月，荷西申请了撒哈拉磷矿公司的工作——为着等待三毛到北非后，自己可以照顾她。

很快的，三毛也结束了西班牙的一切琐事，没有告别，亦没有通知，只是急急的，飞向了大漠深处。

三毛这一次匆匆上路，不只是为了自己心心念念的撒哈拉，还有那样一封信，才让她如此急切而决绝地走向了她一生中最美妙的风光。

那个叫荷西的男子，他这样痴痴地写：

我想得很清楚，要留住你在我身边，只有跟你结婚，要不然我的心永远不能减去这份痛楚的感觉。我们夏天结婚好吗?

便是这样对于爱情决绝的姿态，荷西一直艰难辛酸地固守着，哪怕这样的追逐像是捕风捉影一般，他还是深深地坚持着，从来不曾懈怠和放弃。这样好的男子，爱自己爱的人，像是信仰一般执着。

这份执着，从十八岁那年，他就一直坚守。

在马德里的一个下午，荷西邀请我到他的家去。到了他的房间，正是黄昏的时候，他说："你看墙上！"我抬头一看，整面墙上都贴满了我发了黄的放大黑白照片，照片上，剪短发的我正印在百叶窗透过来的一道道的光纹下。看了那一张张照片，我沉默了很久，问荷西："我从来没有寄照片给你，这些照片是哪里来的？"他说："在徐伯伯的家里。你常常寄照片来，他们看过了就把它摆在纸盒里，我去他们家玩的时候，就把他们的照片偷来，拿到相馆去再做底片放大，然后再把原来的照片偷偷地放回盒子里。"我问："你们家里的人出出进进怎么说？""他们就说我发神经病了，那个人已经不见了，还贴着她的照片发痴。"

想来，那时十八岁的少年，热烈而奔放地爱着，却不想一朝被拒绝后，便是六年长久的分离。六年，对于相思中度日如年的少年而言是怎样漫长煎熬的过程呢？许是焦灼的，许是疯狂的。荷西彼时的万种情思凄苦就像你我年少时的心境，但他从不曾绝望。

这样好的男子，爱自己的人，像是信仰一般执着。

三毛，本就是多情女子的心肠，荷西这般的爱恋，她怎能不动容？

那日，三毛看着荷西房中那般的境况，本就已经感动得无以复加，当她又看到荷西因为没能阻止百叶窗将照片曝晒发黄这样一件小事而那般愧疚地、局促地、始终带着不安地看着自己时，三毛心中的爱，一瞬间便如决堤般汹涌而来。

我转身问荷西："你是不是还想结婚？"这时轮到他呆住了，仿佛我是个幽灵似的。他呆望着我，望了很久，我说："你不是说六年吗？我现在站在你的面前了。"我突然忍不住哭了起来，又说："还是不要好了，不要了。"他忙问："为什么？怎么不要？"那时我的新愁旧恨突然都涌了出来，我对他说："你那时为什么不要我？如果那时候你坚持要我的话，我还是一个好好的人，今天回来，心已经碎了。"他说："碎的心，可以用胶水把它粘起来。"我说："粘过后，还是有缝的。"他就把我的手拉向他的胸口说："这边还有一颗，是黄金做的，把你那颗拿过来，我们交换一下吧！"

便是这样的爱情，每每读来都是流泪。我如何用苍白的文字表达这炽烈的情愫，如何用常人的观点去评判这份感情的是非曲直。这样的美好，如何还有对与错的半分关系，有的只是让人无法直视的美好。

荷西对于三毛的爱，如何才能的诗人才可略表一二？素昧平生的一个男子的爱情折射出的光芒，让我第一次感觉到枕边的一排排诗书那样索然，那样无味。

所以便只是单纯地叙写与感慨吧，像荷西的爱情一样纯善地讲一讲他与三毛。就是那样的姿态：我爱你，爱便是目的，再无其他。

苍凉的诗意

我举目望去，无际的黄沙上有寂寞的大风呜咽地吹过，天，是高的，地是沉厚雄壮而安静的。

正是黄昏，落日将沙漠染成鲜血的红色，凄艳恐怖。近乎初冬的气候，在原本期待着炎热烈日的心情下，大地化转为一片诗意的苍凉。

——三毛

每个人心中都有一处似曾相识的陌生风景。我们从未见过它，但是心中是极致地向往着。这种憧憬也许只是来自破旧的书本里只字片语的美好形容，也许只是陌生人口中无意的几句闲话，但是，一旦我们知道了这个地方，它便成了心心念念的桃花源。

心中的极致风景像极了腹中一条机灵的蛔虫，它已然吃透了你的心肺，听到了你的心声。于是它胆大而顽皮地明白，你心中哪一缕心土最敏感，它会在你心下想要淡化这份期许时，用它灵活的尾巴搔一搔你的渴望，让你不能自拔地又开始深深地向往。

是，沙漠是她的梦中情人。与荷西直渡了沙漠之后，两人双双坠入了沙漠的情网。三毛有这样的心思，必是沙漠有着无尽的温柔和令人窒息的美丽风景，不然如何像是情网一般美妙。但三毛心中执着的那场华丽风景，也许只是一种情人眼里出西施的奇妙幻象。茫茫大漠能有十分美好？它在旁人的眼中必定没有三毛眼中的绝颜，并且很有可能这其中还掺杂着诸多破败、凄惶。但是，爱它的人就是这样执着地爱，它的美好是歇斯底里也吼不出的绝世，它的荒芜亦是别有一番风味的独特气韵。

总而言之，撒哈拉是只属于三毛的风景，她执着，沙漠便成了世间万物也比不了的完美。

1973年，三毛走进了撒哈拉。那年夏初，三毛乘飞机抵达阿雍（现名阿尤恩），与阔别三月的荷西会合。可是，沙漠的浪漫美好在她看到荷西的那一刹那，便被抛却在了一边：

他那天穿着卡其布土色如军装式的衬衫，很长的牛仔裤，拥抱我的手臂很有力，双手却粗糙不堪，头发胡子上盖满了黄黄的尘土，风将他的脸吹得焦红，嘴唇是干裂的，眼光却好似有受了创伤的隐痛。

三毛见荷西这般光景，心中抽痛不已。他还是个孩子，却为了守着爱情而承受那样多的苦楚。荷西的样子，也让三毛知道生活的考验已经真实地摆在了眼前，目前最重要的，是如何去生活。

自己的家是一个有着空心砖砌成的长圆形拱门的小屋。第一次进家门，是荷西抱着三毛进去的。

卧室，横竖四五步的空间，客房（暂且这样讲吧），一张床的大小，厨房，四张报纸便可以铺满，浴室只有一个达达派艺术品般的白浴缸。水是没有的，床是没有的，家具是没有的，食物亦是没有的。这个家徒四壁的小屋，便是三毛与荷西的新家。对了，他们还是有一笔财产的——一只荷西买下的母羊。

当三毛对荷西表示对两人的新家十分喜欢和满意时，她自己感觉那声音都是做作的。

二人只是略说了几句话，便去镇上的商店采购生活用品。民生问题才是最重要的。当三毛被小店中那些离谱的物价折腾得心灰意冷时，她再不是那个披着毛皮大衣，在剧院里听《弄臣》的女子。于是，她只是小心翼翼地买了些必备品，便不肯再挑下去。

结账时，三毛抢着付钱。她从随身携带的枕套中往外取钱时，荷西探过来看了一眼，便将那一枕套的钱币抱在了胸前，自己从口袋中拿出钱来付了账，急急地走了。

三毛在风中盯着荷西紧绷的脸，不知这个大孩子脸上稚嫩的无奈从何而来。荷西只是对着三毛那一包钱忍耐地笑，直到那时他还是以为，三毛这样的女子是不会在沙漠与他厮守的。她的到来，只是一场浪漫的旅行和梦幻。

三毛向荷西解释说钱是父亲给的，她不会乱用。荷西还是不能释怀，他倔强地要求将钱存进银行，以后生活无论多苦，都只许用他挣来的钱。

我听见他的话，几乎愤怒起来。这么多年的相识，这么多国家单独的流浪，就为了这一点钱，到头来我在他眼里还是个没有分量的虚荣女子。我想反击他，但是没有开口，我的潜力，将来的生活会为我证明出来的。现在多讲都是白费口舌。

两个人都是倔强的大孩子，但是他们一直坚守。

三毛，陪着荷西在那个荒凉凄艳的沙漠中，直到摩洛哥战争的枪炮在周边震耳欲聋时，方才依依不舍地走出了他们的家。荷西，在生活极度匮乏时，夜以继日地加班，不眠不休地为新家钉制家具，始终不肯动三毛存进银行的那些钱。哪怕三毛气恼地骂他“混蛋”，他还是坚持把钱留着给远方的岳父母养老，而自己只是不声不响，以希腊神话中的神祇推巨石一般的姿态，把家里的所有家具一样样地打造出来。

入住沙漠近月余。

三毛每日提着十公升淡水走在烈日下时，她没有了伤怀，哪怕她的脊椎疼得无法忍受；用铁皮火炉生火做饭时，她没有了伤怀，哪怕浓烟熏得她眼泪直流。生活贫瘠已然击不倒坚毅的三毛。但是，荷西每每出门上班时，她总要流泪，总是恐惧，甚至，她会在荷西走到不远处时，急急地跑上来，赖着爱人，哀求他留下来。

家里没有书报，没有电视，没有收音机。吃饭坐在地上，睡觉换一个房间再躺在地上的床垫上。

墙在中午是烫手的，在夜间是冰凉的。电，运气好时会来，大半是没有电。黄昏来了，我就望着那个四方的大洞，看灰沙静悄悄地像粉一样撒下来。

夜来了，我点上白蜡烛，看它的眼泪淌成什么形象。

这个家，没有抽屉，没有衣柜，我们的衣服就放在箱子里，鞋子和零碎东西装在大纸盒里，写字要找一块板来放在膝盖上写。夜间灰黑色的冷墙更使人觉得阴寒。

便是这样的境况，令人惧怕、孤寂、冰冷，但是，两个人愈发炽烈地相爱了。沙漠的寒凉侵骨，使得爱人温暖的怀抱，那样令人眷恋与珍视。

爱情若是不落入平凡的生活中，便是不会长久的。

那时，荷西对三毛，爱到骨髓；三毛对荷西，爱到痴缠。他们在内心的那一场美到极致的风景中，拥在一起，华美得像是一段曼妙的老电影。

风景，镌刻在心上的刻骨铭心。爱情，书写在风景旁的静美旁白。

如诗的爱情，若画的风景。三毛，这样幸运的女子，她全部拥有过。

看着三毛与荷西爱在一处，我们便再也不会忘却，心中那已默然开了许久的桃花源。心中清晰着一段风景，等着那个痴爱的人，静好地守着风景，守着爱情。

你不说爱

在结婚以前我没有疯狂地恋爱过，但在我结婚的时候，我却有这么大的信心，把我的手交在他的手里，后来我发觉我的决定是对的。

——三毛

1973年，三毛与荷西在撒哈拉阿雍小镇结婚。

于三毛而言，对婚姻的信心是她为着荷西的痴情和对父母的交代而莫名产生的，也许正是因此，三毛在与荷西生活的多年中不曾对爱人说出一句“我爱你”。但是，在我看来，三毛的这一份信心便是爱情的魔力，只是它脱去了爱情的形式。

她说婚前不曾疯狂地爱过。是，相较于她之前的爱情，与荷西的这一段，若说是疯狂那实在是牵强的，但要说爱，那定是爱着的。只不过，这份爱是深沉而悠远的，它带着后知后觉的呆滞感，来得不那么强烈而明显。

爱的形式，实在有千万种模样。

民族英雄的爱国情感是一种大爱，然而它通常只是表现在默然的守护中。叶问不曾说过对国家的挚爱，他只对歧视国人的侵占者说，人的地位有高低之分，而人格是没有贵贱之别的。他的爱，那样博大，他没有说爱，而只是谦逊地说出一种人格态度。这种态度，是一种暗含着维护和保卫的大义之爱。他说得中庸而谦逊，但最是有力而铿锵。

母亲的爱，是最伟大的爱，甚至可以说是偏执的爱，我们不曾听过她说爱，然而她的呵护与牵念，她一生站在我们身后的操劳是最美妙的语言也形容不出的长远。

三毛的爱一样不说，不奔放，不热烈，但她可以和那个人一生相许。这是一种温良的表达形式，像她三十岁时的性子一般，温婉宁静。这便好似墙角的荼蘼，孱弱而后开，而开尽花事的，却只是它。

初时，三毛与荷西到沙漠中的小镇法院去申请结婚。白发的西班牙秘书将结婚所需的手续证明絮絮叨叨地讲了几十项出来，荷西自然是焦急的，他向老人请求，解释他们已经等不得时，三毛也只是痴痴地在一旁傻笑。当老者敏感地将目光扫向她的腰部，她才惊叫，她可以等，是荷西不能等。

等与不等间，三毛还是与荷西一样热烈地照着法院的要求样样都细细地办了来。

结婚前日，二人并不知晓明日便要婚礼。三毛到法院办事时才得知第二日便可完婚，而此时，荷西还在一百公里外上班。

三毛是从法院中梦游出来的。

这时我看到荷西公司的司机正开吉普车经过，我赶快跑上去叫住他："穆罕默德·沙里，你去公司吗？替我带口信给荷西，请告诉他，他明天跟我结婚，叫他下了班来镇上。"

穆罕默德·沙里抓抓头，奇怪地问我："难道荷西先生今天不知道明天自己要结婚吗？"

我大声回答他："他不知道，我也不知道。"司机听了看着我，露出好怕的样子，将车子歪歪扭扭地开走了。我才发觉又讲错话了，他一定以为我等结婚等疯了。

那日荷西赶回来，与三毛一起给家里发了电报，然后同看了一场精彩的电影，便都向单身做了告别。（本来三毛是打算与荷西一道回家钉桌子，做窗帘的。）

第二日，荷西因为没有提前请假，所以又照常上班去了。三毛提了一桶淡水回家，累得虚脱后，倒头便睡了。

结婚前半个小时，荷西回到家中，叫醒还在昏睡的三毛，向她奉上了自己的结婚礼物。鲜花自然是没有的，但是那一副完整的骆驼骷髅还是让三毛兴奋了半日，直到多年后讲起，还说真豪华，真豪华。

没有婚纱，没有礼服，两人只是穿了较整洁的家常衣服，便兴兴地去镇上结婚去了。自然的，是用走的。

到了镇上，二人才知道，他们是沙漠中第一对在法院办理结婚的新人，所以法院的人都到了，单等他们一来，便兴高采烈地开始照相，举办典礼。

两人本以为只是来领取证书，却不料是一场如此“隆重”的典礼。所以，当他们被指名起身宣誓时，还是迷迷糊糊的，不知所措。

年轻的法官比新人还要紧张，他拿纸的手轻轻地抖动着，兴奋地为新人公证结婚。

“三毛，你愿意做荷西的妻子么？”法官问我。我知道应该回答——“是”，不晓得怎么的却回答了——“好！”法官笑起来了。又问荷西，他大声说：“是。”我们两人都回答了问题。法官却好似不知下一步该说什么好，于是我们三人都静静地站着，最后法官突然说："好了，你们结婚了，恭喜，恭喜。"

我一听这拘束的仪式结束了，人马上活泼起来，将帽子一把拉下来当扇子扇。许多人上来与我们握手，秘书老先生特别高兴，好似是我们的家长似的。

就这样，便结婚了。荷西连戒指也忘了戴，直到别人喊起来，他才想起。但是，他也只是匆匆地将自己的那一枚戴在了无名指上，便又急急地跑去追着法官要户口名簿，把三毛也要戴戒指的事忘了个一干二净。

婚礼到这里便是结束了。

就是这样简单，这样匆忙。没有伴郎伴娘，没有花童，没有喜宴，甚至连新人的拥吻都没有，便确定了一生的爱人。

这样简陋的形式，粗糙的白话，没有言及爱情，没有谈论情史，徒步走来结婚的两个人自此便成为一家人了。

婚礼后，住一次旅馆都让二人觉得奢侈，于是，他们只是默然开心地又走回了家。

形式与华丽，从三毛与荷西相爱的第一天起，直到永别，亦是没有出现过一次。但是，他们的爱情让多少后来人感动并赞叹。

平淡的爱情，好似一道家常的菜肴，没有华丽的摆盘，也用不上名贵的食材，但是它是生活中最不可缺失的一个部分。它的味道不算上佳，但独特到无法复制。它寡淡，甚至无味，然而，能够在一生中静水流深的也只是它。

年少轻狂时，总以为要说得惊天动地才像爱情的模样。然而，到了成熟的年纪，方才懂得，原来爱情是不用说的，因为语言的力量，相较于默然喜欢、静然相守，总是太过苍白。

深爱着，不说爱——是爱情最为动人的姿态。

你不说爱

风沙跌落的声音却说得动情

你不说爱

树叶沙沙的轻颤却摇得曼妙

你不说爱

夜莺啼叫的歌声却唱得婉转

你不说爱

一直不说

然而

你却将爱情爱到那样极致

极致的深沉

心中隐藏的美好

我不是妇女解放运动的支持者，但是我极不愿在婚后失去独立的人格和内心的自由自在化，所以我一再强调，婚后我还是“我行我素”，要不然不结婚。

——三毛

三毛在与荷西结婚后，认认真真地做起了家庭主妇。精灵般的女子，演起这样乏味的角色，亦是风生水起，花样百出。

下厨房，主妇第一要事。

三毛的第一道菜是粉丝煮鸡汤。荷西自然是没见过粉丝这种中国本土的食材，所以第一次吃十分好奇。三毛向来对自己的丈夫说话天马行空，在她的解答中，粉丝是台北山上的第一场春雨，毛毛细丝般地挂在了山陵上。由山胞摘下，扎成了小捆背下山来换米酒喝。而自己的母亲又花了心血去山下买，然后再给心爱的女婿不远万里地邮寄来。荷西起初自然不信三毛的话，后来见她说得活灵活现，也是有了几分认可的。所以，他一直沉浸在三毛口中的“雨”的来之不易中，对这道菜爱不释手。

三毛对于下厨房乐此不疲，对于嬉耍荷西更是拥有满心的成就感。她在婚后全然没有家庭主妇的抱怨，反而更觉婚姻为贫乏的沙漠生活平添了几分乐趣，这便是三毛的不寻常之处。她每日兴兴地做了菜来，与荷西说上一通不着边际的话，自己心中不知已藏了多少暗喜在其中。

小小一件家事，在三毛的生活中，那样妙趣横生，令人艳羡。

那日，三毛做了一道蚂蚁上树。她心血来潮地告诉荷西，菜中的粉丝是中国能人用平日钓鱼的尼龙线加工而来的。荷西吃得欣喜异常，还跟着三毛一起兴兴地幻想，若是开了饭店，这道菜可以卖个好价钱。后来还有一次，三毛将粉丝绞碎，做了盒子饼。兴奋的荷西以为是疼爱他的岳母寄来了昂贵的鲨鱼翅膀，为此要写信去感谢岳母。三毛乐得前仰后合，开开心心地译了信，又跟荷西鬼话连篇地将粉丝一通编排。

再简易不过的一道粉丝，被三毛演绎成了各样奇异食物。这不但让她自己从中获得了诸多乐趣，也将憨厚的荷西“骗”得开心异常。

三毛曾讲，“几只洋葱，几片肉，一炒变出一个菜来，我很欣赏这种艺术”。

那时，沙漠中物质匮乏，生活贫瘠，然而，荷西和沙漠中旖旎的风光让三毛的心彻底地平静安逸了下来，并在此度过了一生中最快活的时光。

三毛热爱生活，不单表现在迷恋流浪上，更多是体现在她对生活独特的欣赏视角上。平凡的风景在她眼中都是美丽的，烦琐的家务于她而言亦是充满趣味的艺术。她守着爱人，守着沙漠，好似成了沙漠中的一道风景，那样和谐而安然。乐观的生活态度是快乐与幸福的源泉，三毛的豁达与艺术情怀在撒哈拉沙漠中，成就了她一生的美好。

我很高兴我有了归宿，我太幸福了，许多人一生只活一次，但我活了许多次不同的人生，这是上帝给的礼物。我从来没有跟荷西吵过架，将来也不会吵，心情很平静，是再度做人了。我要改的地方很多，我都改掉了。这块顽石也被磨得差不多了。

三毛在沙漠中苦中作乐，做家务成了一件十分简单快乐的事。这种快乐不仅来自对荷西的“骗”，对荷西的同事与上司也是一样来得得心应手。

有一次，荷西的上司要求来家里做客，吃三毛的中国菜，并且十分内行地点名要笋片炒冬菇。三毛看荷西一脸紧张，欣然答应了——尽管她没有笋片。

当天晚上，三毛精心布置了餐桌：白色的桌布，红色的桌角，华美的烛台，精致的菜肴。一切都做得干净雅致，连平日里身上穿的牛仔裤也换了下来，穿了一袭长裙来迎接贵客。

最后，一顿饭吃得宾主尽欢，上司夫妇对三毛的嫩笋片赞不绝口，甚至在上车前，十分真诚地邀请三毛在以后公司的公共关系室有缺时前来上班。

客人走后，荷西问起笋片的来历，三毛乐得倒仰。她大笑着对荷西打趣道："你是说小黄瓜炒冬菇吗？"

这个可爱大胆的女子，素日沉浸于文字中，钻研艺术，实在不知她的这般乐观机敏从何而来。她就那样直白而鲜活地跳动在我们的视野中，多变而灵动。

三毛的父亲曾说，和女儿一起看世界总是能得到更多奇形怪状却异常美丽的风景，亦是不知这些美好的东西从何而来，只是，有她在，总是和别人不一样的，亦是更快乐的。

其实，三毛能够发觉美好事物的何止于眼睛，更多的是用心、用达观的性情和旷远的胸怀去解析大自然的奇妙。而这种态度不单单是在感触风景上，做人亦是一样的。

一道菜肴为三毛带来诸多喜乐，不仅如此，她还自学了悬壶济世的本领，医起病人来更是药到病除，花样百出。

撒哈拉威女人不进医院，是因为医生是男性。而三毛，因为是个博学而亲切的女子，医完病后，又爱给病人送些衣物和装饰品，所以深受邻居中女性的信赖和青睐。

刚开始，三毛只是用阿司匹林为别人医治头痛，用止痛片给病人消减痛楚。后来随着周边的邻居对她的医术愈发认可，她便很是胆大起来。她甚至在那一段时间时常出诊，像玩洋娃娃一样地为病人治病，而且奇怪的是居然都能妙手回春。

在用黄豆为邻居女孩医好了囊肿，用维生素医好了由于营养不良即将死去的好友的表妹之后，有一天这个自以为医术了得的女子居然要去为邻居接生。后来，她被发怒的荷西抓了双手拦在家里，直到产妇的丈夫赶来，二人才停止争执，将待产的女人送进医院，顺利产下了一名男婴。

三毛给人治病一段时间后，便又兴兴“改行”做了兽医。在用一大瓶葡萄酒治好了邻居家山羊生产后的疾病之后又变了花样，做起了牙医——用指甲油给邻居补牙齿。奇怪的是，每次都效果极佳，这种怪异的结果令一直反对三毛行为的荷西百思不得其解。

三毛在沙漠中自得其乐，惬意非常。每日开开心心地做做家事，吹着口哨乐悠悠地出诊治病，丝毫不见沙漠的凄凉和贫瘠带给人们的孤寂与痛苦。

有时我也困惑三毛的快乐怎么来得如此容易，深思之后，才发觉，她的善良、聪慧、博爱、单纯、真诚……每一样品质后面都隐藏着快乐。

三毛的幸福喜乐，与其说是天赐的恩典，倒不如说是她心中有双明亮的眼睛。

而这双眼睛，只为美好而生。

爱如生命

四周除了风声之外就是沙，蒙蒙地在空气中飞扬着。前面是一片广大的泥淖，后面是迷宫山，我转身去望太阳，它已经要落下去了。再转身去看荷西，他也正在看太阳。

夕阳黄昏本是美景，但是我当时的心情却无法欣赏它。寒风一阵阵吹过来，看看自己单薄的衣服，再看看泡在稀泥里的荷西，再回望太阳，它像独眼怪人的大红眼睛，正要闭上了。

——三毛

三毛与荷西，至情至性的一对璧人。

三毛，挚爱流浪在风景旖旎处，一生痴迷放逐，不肯停下行走的步履。对于大自然的各样杰作，三毛痴缠不已。无论是一条缱绻的河流还是一处凄艳的落日，她都那样爱到疯狂，爱到奋不顾身。甚至于，一个惟妙惟肖的石雕，一只绝美的贝壳，都足以让三毛激奋到癫狂。后来，三毛遇到的荷西，又是个爱自然艺术的直白人。两个人生活在神秘瑰丽的沙漠中，恨不得将黄沙中的各样大自然痕迹也捡了来，握在掌心珍爱。

世界上，便是有这样一种人的。他们生而聪慧，机敏异常，对某一种事物痴爱异常，好似那般喜好是自己的眼睛一般。或许眼睛都还不够，连同整个生命都算上，才可抵上对那份痴爱的几分迷恋。

那时，三毛与荷西已在沙漠住了一年有余。两人时常驾着他们的爱车飞进沙漠深处，去探寻隐藏在自然表层下的奥妙。

一日，荷西下班后，急急地回家载上三毛，说要去迷宫山附近捡乌龟化石和贝壳。三毛见荷西催得紧，匆忙间只带了一公升红酒便上路了。车子开出阿雍小镇时，太阳已经偏西，三毛知道来回两百多公里的路程走下来，必要到夜深时才能回来。沙漠的夜晚是冰冷到极致的，她心中不是没有担忧，只是她自己与荷西对沙漠中的奇异瑰宝都是偏执地爱，所以便什么也没有说，只是默默地随了荷西。

车子很快地在沙地上开着，我们沿着以前别人开过的车轮印子走。铺满碎石的沙地平坦地一直延伸到视线及不到的远方。海市蜃楼左前方有一个，右前方有两个，好似一片片绕着小树丛的湖水。

四周除了风声之外什么也听不见，死寂的大地像一个巨人一般躺在那里，它是狰狞而又凶恶的，我们在它静静展开的躯体上驶着。

三毛看着窗外肃杀的风景，叹了口气向荷西鬼话。她说自己有一天一定会死在这片荒漠中，因为她不断在搅扰它，侵入它，拿走它的植物和美丽石头，而且还每日开车碾压它的身体。她觉得终有一日，沙漠会恼怒地扼住她的咽喉，让她拿命偿还取走的一切。三毛对沙漠的热爱是深重而彻底的。她想将她爱的东西揣进囊中，一生珍视，然而又怕这份强烈占有欲是自私的豪夺，伤害了原本属于它们的归宿。这就好似爱上了一个人，既急于强势得到她，又怕伤了她颤颤巍巍纤细的心。

三毛对待爱情和对待沙漠的爱，看似是相同的厚重，其实却又是不同的两种形式。对沙漠，三毛带着痴迷的姿态，而爱情于三毛却是平静悠远、不可或缺的人生的一部分。

那时，荷西将车冲进迷宫山，半小时不到便迂回了出来。天已经暗下来，四周一片萧索。又开出两三公里后，到了一片紫雾缭绕的湿地。荷西下车在前面倒退着探路，三毛在后面开车跟着。突然，三毛看到荷西身后的泥土冒起了泡泡，她知道情况不妙，立即大声叫喊荷西的名字，想让他停下来。

我打开车门一面叫一面向他跑去，但是荷西已经踏进这片大泥淖里去了，湿泥一下没到他的膝盖，他显然吃了一惊，回过头去看，又踉跄地跌了几步，泥很快地没到了他大腿，他挣扎了几步，好似要倒下去的样子，不知怎的，越挣扎越远了，我们之间有了很大一段距离。

我张口结舌地站在一边，人惊得全身都冻住了，我不相信这是真的，但是眼前的景象是千真万确的啊！这全是几秒钟内发生的事情。

气温在那时已接近零度，三毛见远处的荷西一点点往下沉，急得要死一般。当时状况不容乐观：车上没有任何工具与绳索，三毛开回去找人来救，天黑后，到第二天也未必能够找到这里。那一刻，三毛只是颤抖着蹲在岸边，任荷西如何叫喊也不肯回到车里去，她心心念念的只是：不能离开，死也不能。

当地平线上的那一缕车灯闪起时，三毛兴奋得弹跳起来，她急急地跑进车里去按喇叭，又打开车灯，然后爬上车顶，在上面甩着手臂歇斯底里地叫喊、求救。

终于，那缕灯光慢慢地移了过来。三毛急忙跑上前去，向车上的三个撒哈拉威男人寻求帮助。然而，冷漠的撒哈拉威男人见三毛窈窕美丽，顿时起了歹意。他们不但没有帮忙，还无耻地上来缠住了三毛。远处的荷西将三毛这边的情况尽收眼底，他陷在泥淖里疯了一般地嘶吼着要来杀人。撒哈拉威男人听到荷西的声音，都向远处望去，三毛趁机逃到了车上，然后风一样地开了出去。最终，三毛在迷宫山中甩掉了三个撒哈拉威男人。

三毛躺在冰凉的沙地上让自己冷静下来之后，想到用车垫与备胎去救荷西。她兴奋地将车子开回泥淖附近。可是在沙漠的黑暗中，三毛无论如何也找不到荷西的踪影，她大声地对着死寂的沼泽喊叫，而回复她的只有沙漠中呼呼作响的寒风。

三毛几乎绝望了，她趴在方向盘上抖得如一片落叶。时间仿佛凝固在了那一刻，荷西死了，荷西死了，三毛只是重复地呢喃着。

荷西自然是没有死，只是三毛慌忙中弄错了方向，车灯也没有打开，所以她在黑暗的沙漠中看不到他。

这一场虚惊，让三毛知晓了心中对爱人的难以割舍，同时也让她知道，原来自己与爱人的生命，都是为着心中那份对沙漠中的自然艺术的痴爱而愈发旺盛和坚决。

那天深夜，荷西在三毛的帮助下爬出了泥淖，和三毛一起回到了车上。三毛给荷西灌了酒，又用酒擦了他的胸口，他才慢慢地恢复过来。

“三毛，还要化石么？”荷西呻吟似的问着我。

“要。”我简短地回答他。“你呢？”我问他。

“我更要了。”

“什么时候再来？”

“明天下午。”

三毛对沙漠的热爱，像是心尖上的一颗红痣，那样强烈而执着。这份爱，静静地在她心上画地为牢，让她一生为此，无论经受怎样的苦痛，都甘之如饴。

生而几十载，受尽一番艰辛磨难，苦心志，劳筋骨，饿体肤，实实是一件苦差事。但是，睿智的人懂得聪明地活，他们将生命当作一次快乐而新奇的游戏，这样嬉戏一场人生，自是感觉不到苦楚的。所以我总说，三毛对沙漠的热爱带着荼蘼的决绝，直到花事开尽，她还一直狂放。

前世的乡愁
铺展在眼前
啊——
一匹黄沙万丈的布
当我当我
被这天地玄黄牢牢捆住
漂流的心
在这里慢慢
慢慢一同落尘
呼啸长空的风
卷去了不回的路

大地就这么交出了它的秘密

那时沙漠便不再只是沙漠

沙漠化为一口水井

井里面一双水的眼睛

荡出一抹微笑

嗳——

贫瘠也好

我们在这一带每天借送无数东西给撒哈拉威邻居，但是来回报我的，却是一个穷得连身体都不属于自己的奴隶。

这比《圣经》故事上那个奉献两个小钱的寡妇还要感动着我的心。

——三毛

富贵与贫穷是处于两个极端的物质形式。若是将二者放在称重的天平上去衡量，得出的也许只有金钱的比重关系，与富贵和贫穷本身的宏观意义是鲜有相关的。因为，我们与人交往，向来是不愿涉及金钱利益的，一旦不得已非要以金钱相交，那亦是得不到真正的朋友的。所以，我们选择朋友时，多半是些志同道合、彼此相知的人，也只有这样彼此才愿接近和相处，成为无话不谈的知心人。

其实，与人相处也好，交友也好，皆是如此。真正能够给予你友情回报的，富贵与贫穷之友，实在说不好会是哪一个。所以，实不必汲汲于富贵，亦不要戚戚于贫穷。任何时候，对方的德行与真诚才是最重要的。

那时，三毛与荷西已在撒哈拉沙漠中住了近一年，他们从坟场区搬到了阿雍镇上的一处房子中。与他们为邻的撒哈拉威人看似邋遢肮脏，实则都是经济条件十分优越的富贵人家。他们多半有正当的职业，还有西班牙政府的补助，另外更有优越的家庭甚至有大批的羊群，或者在镇上有着收入可观的营生。三毛在新家住定之后，每每思及与贫苦的撒哈拉威人交往时的窘迫，总能幻想出千百种与有钱人为邻的好处来。

然而，事情总是与美妙的幻想背道而驰。

当三毛家中的大门被邻居的女人和孩子涌开之后，她与荷西的生活方式便被这帮不速之客了如指掌了。紧接着，好戏连台的各种闹剧如约开场。

“芳邻”们的好戏异曲同工，可以统称作——草船借箭。当然这种“借”法，是有去无还的。

一个灯泡、一颗洋葱、一瓶汽油、一些棉花、一颗小钉子、一点点电线……借的东西千奇百怪，可恨的是家中偏偏都有，三毛与荷西都是和气的人，家中有自然是不好意思不借的。然而，借出去却从没有还回来过。

借东西的人中有一个孩子最为奇葩，他每日必要在吃饭时，来为受了文明洗礼而不再用手吃饭的父亲借刀叉。难得的是，他借了东西是会还的。只是，到了第二日吃饭时间，他还会准时出现在三毛的门口。后来，三毛被他弄得不厌其烦，便将刀叉送与了他。不想，第二日他又来借，理由十分简单——那套刀叉是新的，所以要收起来，而现在，他的爸爸要吃饭。

每日早晨的这出闹剧实在令人哭笑不得。三毛与荷西常常纳闷，邻居们那样富足，为什么不自己去买呢？但是，心中疑惑着，每次有人来借，还是会给的。因为，一旦拒绝，撒哈拉威人便会说——你伤害了我的骄傲。三毛与荷西都是再实在不过的，自然是不愿伤害别人的骄傲。

后来，有一次，三毛没了火柴，便羞愧地去邻居家借。然而，那位笑眯眯的邻家妇人只是温和地说了没有，便转身走开了。再去另一家，只是给了三根，然后便摆出一张硬硬的脸来。三毛气不过，因为，她上周才给了这家人五盒火柴，此时，主人这般态度，三毛亦是无可争辩，只是急急地学了他们的口气说——你伤害了我的骄傲。

与富人相交，三毛未得到一丝好处，小心翼翼地还是在不得已时伤害了他们的骄傲。后来，三毛谈及此事，只是淡淡地对父母说，此地交不上朋友。

偶然，三毛被请到镇上的财主家吃沙漠大菜，不经意便结识了那个眼光如小鹿般温柔的小奴隶。他有着瘦弱的小个子，为三毛等一干宾客忙前忙后，做得井井有条。只是为着三毛与他说了几句话，他便兴奋得脸都红了起来。三毛走后，他悄悄地跟了出来，像是留恋一段美好般看着三毛，那种怯怯的眼神中带着欢喜和快乐。他的温顺与善意在沙漠中显得那样清澈与静好，三毛在那时被他那一束柔光，震颤了良久。后来，三毛丢下众人，跑到小奴隶身边，悄悄地塞给了他两百块钱。

第二日傍晚，小奴隶的父亲十分有礼地来敲三毛的门。他是个哑巴，见三毛出来，便比画着掏出两百块钱来，硬要还给三毛。三毛见哑巴穷得连遮羞布都是破烂的，却是谦卑的、知礼的，便死也不肯将钱收回。最后，哑巴对三毛谢了又谢，才感激地离去了。

一周后的清晨，三毛在自家门口看到了一棵碧绿的生菜。她一瞬间便知道这份清新的礼物是谁送的。只是，这小小的一棵菜，让三毛感慨了良久。她为邻居们舍去了千奇百怪的东西，却从未得到过回报，而对于一个连身体都不属于自己的哑奴，只是两百块小小的帮助，却被他记在心里，花了这般心思来感恩自己。

后来，哑奴被三毛的邻居请来做泥瓦匠。三毛便不时地给他些食物，或者买一些廉价的蓝布送给他白痴而温和爱笑的太太。荷西自然也与哑奴成了朋友，周末回来便和他一起做工，有时还将他请回家来吃饭。而哑奴，一个一无所有的奴隶，见三毛荷西这样待他，亦只是默默地在深夜帮他们洗车，风起时，他会细心地替三毛收被风吹落的衣服。那些日子，他总是用自己最大的努力来回报帮助他的朋友。

我时常将人生看作是一场因果关系的故事。“因”的形式在于付出，“果”的形式在于回报。“因”是一种作为开始的舒缓节奏，带着静和的岁月感，而“果”便是一种作为结局的完美旋律，有着收获的满足与喜悦。

有时候，付出与回报只是墙里墙外连接着一缕丝线。付出在墙外，回报在墙内，不管哪一端发出些许动静，相对的一端都会跟着荡漾。

三毛付与撒哈拉威的一切，看似不曾得到，然而哑奴回报给她的那一份善良和真诚，是常人毕生不可得的人生参悟。这对于三毛付出的那份慷慨，已是再好不过的回报。

三毛与荷西曾费尽心思帮哑奴重获自由，然而总是不得要领。因为，在阿雍政府当时复杂的情势下，个人的力量总是单薄孱弱的。三毛一直对自己在此事上的无能为力耿耿于怀，却忽略了哑奴的人生还有比当下更凄惨的状况。

邻居的新屋落成后，哑奴被主人卖去毛里塔尼亚做工。商人之间的一桩生意，却意味着哑奴一家人的长久分离。

三毛得知此事时，哑奴已经被绑了手脚，装在下一个买主的吉普车中。当她看到嘴唇抖动的哑奴无助的眼神，空洞地望着远方，好似一尊雕塑般生冷无奈，三毛的心疼痛极了，她不顾一切地拿了家里所有的现金和铺在床上的一床五彩毛毯，急急地塞进了哑奴的怀中。这是三毛作为朋友所能做的最大的努力。哑奴拿了东西后，突然疯了一般地冲开车门，向家中的破帐篷奔去。后面的人都拿了木板追打了出去，三毛也只是茫然地跟着跑过去。

跑到了快到哑奴的帐篷，我们大家都看见，哑奴远远地就迎风打开了那条色彩缤纷的毯子，跌跌撞撞地扑向他的太太和孩子，手上绑的绳子被他扭断了。他一面呵呵不成声地叫着，一面把毛毯用力围在他太太孩子们的身上，又拼命拉着他白痴太太的手，叫她摸摸毯子有多软多好，又把我塞给他的钱给太太。风里面，只有哑巴的声音和那条红色的毛毯在拍打着我的心。

哑奴走后，三毛几度伤心落泪。为着那个一无所有，贫穷到极致的朋友，为着他的离去，亦是为着他的善良与感恩的心。

我们虽向来不以贫富论高低，然而对于贫苦的友人亦总是表示无奈，不肯在金钱上给予帮助。不单是为着自己本也不宽裕，其实，还是有那么一份私心在。

三毛，洁净到底的女子。她一生没有被金钱权贵侵污过心灵，迷惑过眼睛。她身上的真诚、善良与博爱，一直是彻底的。所以，她游走世界，每一处都有她的挚友。不管是贫穷的奴隶还是富有的商人，只要有高尚的品格在，三毛便是再不管其他的。

真正是个清澈的女子。

滚滚红尘

撒哈拉，三毛，这两个词放在一起就炼成了奇迹。无论我们如何看待三毛，她在母亲眼中永远是孩子，平凡，不完美。母亲说，她的女儿在外人眼中也许像沙漠的风沙一样狂放不羁，但她一直遵从内心，踏实地活着，从不逃避自己的命运。

哭泣的骆驼

那么，我是醒了，昨天发生的事情，终究不只是一场噩梦。每一次的清醒，记忆就逼着我，像在奔流错乱的镜头面前一般，再一次又一次地去重新经历那场令我当时狂叫出来的惨剧。

——三毛

那一年，若是没有残暴的战争，那该多好。三毛还会在大漠中自在穿行，她还会每日饶有兴趣地看芳邻们的各色好戏，还会与本地的挚友一起旅行、交谈、分享。她还会是那个单纯快乐的她，乐观幽默的她。

若是没有战争，该有多好。

战争前，三毛与荷西在沙漠中朋友很多，也很杂。其中有一位年轻的警察与他们十分投缘，这个明朗的青年一直受教育到高中毕业，与沙漠中目不识丁的本土人截然不同。他敦厚、温和，爱笑的脸上总是一团和气，奥菲鲁阿，便是这个男青年的名字。

一次，三毛与荷西的同事在家中烤肉谈天，奥菲鲁阿带了一名三毛倾慕已久的贵客——沙伊达来。这个美丽的姑娘是小镇医院的助产士。三毛兴奋得紧，很自然地将他们安置在了朋友们中间。

灯光下，沙伊达的脸孔不知怎地散发着那么吓人的吸引力。她近乎象牙色的双颊上，衬着两个漆黑得深不见底的大眼睛，挺直的鼻子下面，是淡水色的一抹嘴唇，削瘦的线条，像一件无懈可击的塑像那么的优美。目光无意识地转了一个角度，沉静的微笑，像一轮初升的明月，突然笼罩了一室的光华。众人不知不觉地失了神态。连我，也在那一瞬间，被她的光芒震得呆住了。

沙伊达，在沙漠中被万千女人嫉妒的女子。她的美貌，旁的好处不必说，仅此一样，便让她在狭隘无知的沙漠中过得足够艰辛，更莫说她信天主教，抛头露面工作。

后来，三毛应挚友奥菲鲁阿的请求，与他一起去沙漠深处他的家。亦是这一次探亲式的行走，三毛结识了奥菲鲁阿的哥哥们。令三毛惊诧得几乎晕厥的是，他们居然都是游击队——清一色地穿着破旧军装，却都异常精神。

众人告别时，奥菲鲁阿的二哥突然走过来，握住三毛的手。他来感谢三毛照顾了他的妻——沙伊达。最后，他默默地说他是巴西里。

那时，阿雍镇上的墙上四处都是血字：撒哈拉万岁，游击队万岁，巴西里万岁。

巴西里，撒哈拉威的精神领袖，也是游击队的领导人。这个英勇的青年人在当时政治下是最敏感的人物，无疑处于政治的风口浪尖。然而，他是极少见的在民族沦陷时飞蛾扑火却气魄冲天的硬汉，他在荷西的西班牙国籍前毅然决然地要与三毛夫妇做朋友。他敌对的不是国籍，而是没有公平和自由。三毛欣赏极了这个英雄人物般的青年，虽然他理想的民族自决像梦幻的气泡一般，随时可能破碎。

撒哈拉从来都不是一个只有平静的地方。战争终归是来了。尽管平时与撒哈拉威相处并不融洽，但是，一旦战争要将这些鲜活的生命带去时，她还是无尽地悲伤起来。她不愿看到杀戮与血腥，更不愿离开这片挚爱的美丽土地。

有时候离开是一件极其需要勇气的事情。因为，人在内心深处，对于自己生活过的地方都有着隐藏的依赖。这种依赖像是一种生活习惯，在平淡的生活中不易察觉，但是，一旦到将它摆在首要位置并必将割舍时，心中便会开始不舍和痴缠起来。

沙漠于三毛而言，是一个梦中的故乡，更是一个精神升华的静谧城堡。她对沙漠的挚爱，已然超出物质之外，而此时，战争逼迫着她离开这片瑰丽的土地，并忘却这种深深的眷恋。

战争，多么激进而又残酷的灾难，可这个骨子里带着英雄情结的女子，在战争到来前，没有任何畏惧。也许是内心抗拒着残酷的现实，因此当阿雍小镇的枪炮刚刚打响时，三毛只是半夜惊了一下，开门看后发觉什么也没有，便又睡下了。直到几天后的深夜，三毛一个人站在家中的天台前，忽敲门声响起——巴西里，他请求三毛离开沙漠时带上沙伊达和他们养在医院修女处的孩子。在这个铁血的男人面前，生死无所畏惧，只有他的妻儿，是他唯一的牵念。所以，他像是在安排自己的身后事一样，郑重地来委托沙漠中唯一的朋友三毛。那一夜，巴西里走后，三毛与沙伊达躺在三毛的床上，都是一夜不眠。

沙伊达的不眠是在担心着爱人的生死，而三毛的辗转反侧是因为自己的一场美梦已然破碎。沙漠，美丽得如一场爱情的甜梦，三毛在这场梦中快乐了三载。最终，在战争的火焰中，她还是被炙烤得体无完肤。

下午，三毛开车去医院接沙伊达时，无意间得知了巴西里的死讯。这好似晴天霹雳一般的消息让三毛亦是痛惜的心，愈发不知所措。三毛幽魂一般走回家去，邻居一位要好的女子匆匆地来告诉她，晚上阿吉比等人要在杀骆驼的地方会审沙伊达——因为她出卖了巴西里。沙伊达自然不会出卖自己的爱人，阿吉比不过是一名浪荡子，他对沙伊达的拒绝早已怀恨在心。所以，他只是在无耻地借着巴西里的事情报复沙伊达罢了。

三毛听后，无助地闭上了眼睛，她努力地思考谁可以帮自己救出挚爱的朋友，那个美得不食人间烟火的女子，那个静谧的沙伊达。

最后，三毛只是痴痴地说，她晚上一定要去为自己的朋友证明。这个勇敢的女子，在战争与暴力面前没有畏缩。她大胆地想着，会审时，她一定可以用自己的力量救出她的挚友。

三毛一生都是这样不愿屈服，也不会屈服。无论她面前的困难或者敌人有多么强大，她也一样固守着自己内心的信仰与正义。她的力量许是渺小的，但是她有一颗大义凛然的心，正是因着她内心如此强大，她的灵魂才会活得那样精彩而高傲。

三毛正义而勇敢，但是相较于战争，她只是一个苍白而无力的个体。她在离开自己心爱的沙漠之前毅然地忍着不舍，想去照顾朋友周全。

许是三毛对于沙漠已是爱到深沉，所以对沙漠中的一花、一草、一个朋友都留恋到极致。她的不舍，不知所措的优柔寡断，亦不是寻常女子的六神无主。她只是沉默着，心痛着，用自己仅有的正义去保护这片黄沙的最后一份尊严与静美。

那天晚上三毛和许多撒哈拉威人一起到了会审的地方。然而，在涌动的人群中，她想前行一步都是没有可能的。当她看着赤裸的沙伊达滚落在黄沙中时，惨烈的场面让她哭得哽住了喉咙。然而，她也只能哭喊着、怒吼着，任围观的人群将她挤倒在地，亦是不能抑制地大放悲声。

那时，三毛这般的歇斯底里，既是为着那个可敬可亲的美丽女子，也是为着自己即将离开的这一片在心中荡漾了一生的黄沙土地。她的这一番哭喊，断了肝肠般地将满腔的留恋都发泄了出来——痛彻心扉的嘶吼都是满满的不舍。

后来，奥菲鲁阿持枪赶来。他拖着沙伊达——他亲爱的家人，想要将她带走。然而，受辱的沙伊达只是一心求死，她大声向爱人的弟弟呼喊，杀了我——杀了我——杀了我。最终，人群撤离，滚滚黄沙中只剩下沙伊达和奥菲鲁阿的尸体。

我蹲在远远的沙地上，不停地发着抖，发着抖，四周暗得快看不清他们了。风，突然没有了声音。我渐渐地什么也看不见，只听见屠宰房里骆驼嘶叫的悲鸣越来越响，越来越高，整个的天空，渐渐充满了骆驼们哭泣的巨大的回声，像雷鸣似的向我罩下来。

三毛用倔强的姿态来到这片荒漠中，感受着这一片前世乡愁的土地。狂沙中，这一场战争，她逝去了挚友，逝去了情怀，亦逝去了对沙漠的眷恋。留下的，只有悲伤。三毛没有屈就于沙漠的贫瘠和孤寂，亦没有戚戚于黄沙中的战争和枪炮，最终，却是被生命的支离伤得痛彻了心扉。

她用一个转身便离开沙漠。一生不再涉足，却要用一世来忘记这里的美，这里的悲。

一群“废人”，一节小课

我还是一个没有肯定自己的人，我的下半生要如何度过，这一群当初被我视为老废物的家伙们，真给我上了一课在任何教室也学不到的功课。

——三毛

世界上有一种人，可以一生快乐。他们看似平常人一样，衣食住行样样必需，他们也会在太阳下为生活奔走，也会经历生老病死、疾病困苦，但是，令人不解的是，他们永远那样坦然而安乐地去欣然接受，好似他们的生活中从来不曾有过绝望与苦闷，有的只是对生活美好的向往和永恒的快乐。

这种人的快乐来自一种智慧——生活智慧。他们好似与生俱来拥有非凡能力的天才一般，将自己的生活像解方程式一样推敲出答案，然后拿着这份安逸的答卷去一心一意过自己的美好人生。

其实，生活的智慧多数时候不完全是生而具备的异禀天赋，它更多的是表现在良好心态和对生活的巧妙安排上。这便好似幸福的金马车驶来时，那些已然从容淡定地等在路边的人，和金马车驶过后捡到地上金鬃毛而恍然大悟的人一般。对生活的安排和态度是决定我们是否可以踏上幸福旅途的重中之重。

当然，生活智慧这节课若是没有在母亲的腹中得来，那便要在人生的某一时刻，等一些人来教授这些快乐的必备知识。

1976年，三毛与荷西告别了沙漠与战争，在北非加纳利岛乡下的海边租了房子。三毛对这栋荷西租来的美丽新家赞不绝口，满意异常。

他（荷西）下午五点到，我们六点已租好一幢美丽的房子，在海边（荷西不能缺水），合同签好，一日旅馆费也不花，住进一幢美梦中的洋房，完完全全有家具，连墙上的画都布置好，有一大厅、一卧室、一小客房、小浴室，大窗对着海，家具用品应有尽有，有一小园子。这是一个海边的社区，远离城市，完全是几百千幢小平房造在山坡上，居民有四十多种国籍，街上白天不见人影，幽静高尚，不俗，人也高尚极了，是个人间天堂，治安好到没有警察，许多老年人（北欧）在此终老，此地四季如春。

在这个像是桃花源的世外岛屿上，三毛本该过得十分惬意美好。但是，那时荷西的工作受阻，薪水微薄得可怜，生活的拮据让他们过得不是十分如意。三毛那时对自己的生活总是充满了无助感，她感觉自己一直在漂浮，像是浮萍一般，没有尘埃落定的踏实模样。

后来，荷西为了两人的生计，又回到战争中的沙漠去继续工作。临行前，荷西担心三毛一个人住在这个还不十分熟悉的岛上会不习惯，所以，他一直温柔地安抚她，鼓励她与邻居多多来往。三毛听后，想都不想便一口回绝了，原来，沙漠中太过熟悉的邻居早已让她谈虎色变，现在又要她去招惹那一群牙齿都要掉光的老家伙，她实在是不情愿的。当然，那时她也不会知晓，她人生的重要一课，便是要这些老家伙来教授的。

那时三毛总说，她要一个绝对安静的环境，绝不与邻居交好或交恶，只秉承淡如水的君子之交。然而，后来发生的一系列诙谐剧，却实实证明，三毛想也不想说出的论调，只不过是那天他们家房顶一片恍惚不定的云，经海风一吹，便飞到九霄之外了。

首先出场的是那个每日推着小车的清道夫。他每日坚持顶着烈日，将马路先扫后抹，而后再仔细检验角落里的浮尘，直到马路被他清理得可以用舌头舔，才默然离去。他每日如是，从不间断。三毛对他用抹布擦洗马路的方式十分费解，更令她诧异的是，这个老人居然是主动向政府要求这份工作的免费义工。

后来有一日，老人在三毛的楼下捡落在地上的白花，他细致地一朵一朵捡起，海风吹一阵，他便捡一遍，又吹一阵，又捡一遍，又吹，又捡。他这样的动作让坐在窗前的三毛心里像是发了狂一般，她疯了一般飞下楼，握住路边的树开始一棵一棵地大力摇晃，直到落花被捡尽了，她才抬起头，叫老人一起上楼去喝茶。

后来，三毛劝阻老人不必如此辛苦细致，若真要这样，向政府拿些薪水也是好的。老人对三毛的话不以为然，依然如故，气得三毛站在窗前直骂他疯子。不过骂归骂，她还是每日跟在老疯子身后，做了一个忠实的小疯子。

这样看来，清道夫不但有着对生活的执着热爱，还有着把这种爱润物细无声地授予他人的好本事——三毛觉得这里的老人还真是有趣得紧。

其次上场的是两个加起来一百八十多岁的夫妇。三毛一次在无意间说漏了自己的地址给他们，几天后便被他们邀请去一起看夕阳散步。三毛向来最怕老人唠叨麻烦，但是出于礼貌还是答应了。只不过，她略有不屑地对老夫妇说自己会走得很快。

三个小时后，三毛围着老妇人的手帕，穿着老家伙的毛衣，上气不接下气地坐在自家的门台上，听老人给她讲了一节健康知识课。

不得不说，三毛这一下吃了败仗。她开始真正意识到，这一群眼中原本的老废物，真真是藏了生活典籍在心中的。她从老人们的生活中慢慢意识到；生活必是要认真快乐地去面对，积极乐观地去过活，才会活得精彩。

最后，当老年的艾里克在三毛的诙谐剧中上场时，三毛终于彻底地被身边的老废物们教会了描画生活的姿态。

那一日，三毛因为自己种的萝卜结识了艾里克。原来，她的萝卜长了许多天，还只是一根线。她看着老人后花园里的花红柳绿惭愧地几乎红了脸。后来，两人聊起来，三毛见老人谈起自己的亡妻时，丝毫没有悲伤，只是朗然大笑，心中便又开始不满起来。

“您不想您的太太？”我刺他一句。

“孩子，人都是要走这条路的，我当然怀念她，可是上帝不叫我走，我就要尽力欢喜地活下去，不能过分自弃，影响到孩子们的心情。”

“您的孩子不管您？”

“他们各有各的事情，我，一个人住着，反而不觉得自己是废物，为什么要他们来照顾。”

三毛被艾里克豁达的人生观打动，更为他养儿何须防老的大智慧折服。她原本以为这些走在人生尽头的老人心中只有寂寞与悲凉，却不想，他们隐藏在心底的是春天和希望，还有年轻的自己都没有的对生活幸福的信心。

确实，老人说得精妙——上帝没有将人带去，便要尽力欢喜地活。

三毛对生活一直是爱着的，但是，她在没有学习生活智慧这节课时，尚没能领悟快乐的真正意义。在加纳利生活的几个月里，她便懂得了，自己该如何面对生活，安排人生。

一群废人，一节小课，从此，三毛便敞开了心扉，生死也要快乐。

家庭的尴尬

我实在不敢分析婆婆突然来访，我自己是什么心情。做贼心虚，脸上表情就很难。本来是一件很高兴的事，在往机场去接婆婆时，两个人却一句话都不多说，望着公路的白线往眼前飞过来。

——三毛

1976年的一个下午，三毛心中突然有一种莫名的心电感应，她感觉远在马德里的婆婆家里好似有事发生。于是她便将电话接到了马德里，当她听完荷西的妹妹一番兴奋的叫声后，便当真证实了自己的第六感，确是有件天大事——婆婆偕同家人来加纳利的新家造访。

荷西的母亲向来对三毛是不看好的，结婚时更是一再反对。而当下，三毛与荷西刚刚从沙漠中逃亡出来不久，家中还是一片零碎，三毛听闻婆婆当天便要来访的消息后，顿时五雷轰顶，如临大敌，马上进入了一种备战模式。

电话刚放下，她便急急地拉着荷西到他所在的磷矿公司办公室，哀求荷西的上司给他们预支薪水。荷西是个要面子的，签预支单时脸都憋得通红了。三毛亦是什么都不顾，拿了钱便去当地的超市中一番狂购。

荷西只道家人是来团聚的，心中只是欣喜。他实在搞不明白，三毛这般癫狂的样子，是在发什么神经。

从超市回家的路上，三毛一直神经质地催促荷西快些开。荷西被她弄得一头雾水，只得一直劝导她，只是家人，不必如此的。三毛当时已经发了狂，对荷西的话自然不以为然，她只说，当下是战时，不同往昔，一定要好好准备的。荷西瞥她一眼，十分不悦，他不明白，来的明明是亲人，怎的在三毛那就成了敌人。

三毛回家后，将家里的大床单迅速拖进浴缸，大力地洗起来。荷西来劝，三毛也只是不理，又将结婚时婆婆的态度拿来说事，弄得荷西与她平白生了一场气。

当天下午，三毛与荷西驾车从机场接回一群家人——婆婆、姐姐、姐夫，还有两个孩子。

三毛一生凡事都不入俗流，唯有一件事与天下间的世俗女子是一样的，那便是紧张的婆媳关系。她向来自由随性，喜欢简单安静的家庭生活，而荷西的家人都是琐碎爱财的淡漠之人，对于三毛的世界自然不能理解，而三毛对他们，亦是敬而远之，不愿多来往。这番婆婆的突然袭击，实实在在地让三毛慌了手脚，倒不是她不愿膝下承欢，她只是觉得在荷西的家人面前没有自我可言，只能畏畏缩缩地扮贤良淑德，所以十分不自在。

三毛总觉得自己抢了婆婆的爱子，自己又不讨人欢喜，所以在婆婆面前总以罪人自居。自然的，婆婆对她也没有好印象。

天下间的女子，便是有这样一种悲哀。她们渴望爱情，却惧怕家庭，对于公婆，既想投其所好，讨其欢心，却又厌极了委身心于虚伪假象的生活方式。她们想将爱人的父母看作自己的父母一般亲爱，但是现实中，又往往被那一份与血缘至亲差距极大的婆媳关系打败。

三毛在父母面前向来任性，备受宠溺，而在婆婆处，她自然是得不到这样的包容的。但是她一往情深的爱人偏偏又是婆婆的爱子，如此一来，她不由自主地便在荷西的大家庭生活中陷入了一种尴尬的境地。

五天的日子过去了，我清早六时起床，铺床，做每一份花色不同的早饭，再清洗所有的碗盘，然后开始打扫全家，将小孩大人的衣服收齐，泡进肥皂粉里，拿出中午要吃的菜来解冻，开始洗衣服，晾衣服。这时婆婆他们全家都已出门观光，湿衣服晾上，开始烫干衣服，衣服烫好，分别挂上，做中饭，四菜一汤，加上小孩子们特别要吃的东西，楼下车子喇叭响了，赶快下去接玩累了的婆婆。冷饮先送上，给各人休息；午饭开出来，吃完了，再洗碗，洗完碗，上咖啡，上完咖啡，再洗盘子杯子，弄些点心，再一同回去城里逛逛；逛了回来，晚饭，洗澡，铺婆婆的床，小黛比的沙发，自己的地铺，已是整整站了十六小时。

三毛这样劳累，亦是没有得到荷西家人的肯定。他们还是不时会在小事上责备三毛不够懂事，不够聪慧，也不够细心周到。这种状况下，三毛自然也不好回口，只能默默地忍着。夜间，她与荷西诉苦，说自己失去了自我。荷西也只是不理，回她——伟大的女性，都是没有自己的。

那一段时间，三毛总渴望在午后的阳光下，可以和大家庭中的众人坐在一起，闲话家常，叙叙温情，但是，她那时好似一台被上了发条的机器，停不下来，婆婆要床单，姐姐要痱子粉，孩子要冰激凌，姐夫要下酒菜，总而言之，三毛总是不得空闲，偶尔手中没了家事，婆婆还会兴奋地走过来说要教她烤一块蛋糕。

这样的一家团聚，没有人谈及荷西的事业，沙漠的逃亡和分期付款的房子。亲爱的婆婆每日只是疯狂地购物（当地免税），姐姐姐夫只是畅想他们的假期，亲人们谁也不敢触碰他们的经济，他们的困难，好似谁提及，那重担便要落在谁的身上一般。

三毛苦恼极了，她每日默默地埋头在锅碗瓢盆间苦干，身体疲敝不堪。每日夜间，她总是在怨怼生活的辛苦，同时又在为自己对荷西家人的这份不耐感到羞愧。

我是一个没有爱心的人，对荷西的家人尚且如此，对外人又会怎么样？我自责得很，我不快乐极了。

我为什么要念书？我念了书，还是想不开；我没有念通书本，我看不出这样繁重的家务对我有什么好处。我跟荷西整日没有时间说话，我跟谁也没有好好谈过，我是一部家务机器，一部别人不丢铜板就会活动的机器人，简单得连小孩子都知道怎么操纵我。

三毛，自由得如小鸟一般的人，她的快乐来自在无际的天空中翱翔的畅快。若是将她养在金丝笼中，让她每日迎合他人的欢喜，于她而言，便是世界上最最苦楚的生活方式。

大家庭的生活实在让热衷于流浪和拾荒的三毛疲敝不堪，更令她绝望的是，无论她如何伪装、粉饰，亦是得不到婆婆的欢心。所以，她痛苦而无助。

一个月后，三毛在机场送走婆婆一家。回家的路上她便没来由地快乐起来，不为旁的，只是觉得明日可以躺在自己的大床上，吃生力面，放肆大笑，这便是她快乐的全部了。

明日太阳普照时，三毛便还是一只振翅的天空飞鸟，要重新飞去那属于她的，旷阔无垠的橄榄园。

你回来了

好不容易，安定了下来，接过了自己对自己的责任，对家庭，对荷西的责任，写下了几本书，心情踏踏实实，不再去想人生最终的目的，而这做父母的，捧着孩子写的几张纸头，竟又喜得眼睛没有干过，那份感触、安慰，就好似捧着了天国的钥匙一样。这条辛酸血泪的长路，只有他们自己知道，是怎么熬过来的，怎不叫他们喜极又泣呢。

——三毛

1976年5月，《撒哈拉的故事》由皇冠出版社出版。是年7月，三毛从加纳利岛返台。一个半月的时间，书已印了四版。

这次，三毛是第一次真正意义上回娘家。

回家后，父母自然是喜得哭了又哭，三毛亦是高兴，离开双亲的日子里，她怀揣了太多的思念，一朝又承欢在父母膝下，自然是只有用泪奔来表达对家人深深的爱。

那些归来的时日，本该是腻守在父母身边诉说相思与流浪记的，但是，无奈当时的三毛热已经到了沸腾的地步：参加亲友聚会时，围在身边的人总是在不停地讲《撒哈拉的故事》，说到兴奋处，甚至还可以背诵上一段《中国饭店》（《沙漠中的饭店》）；走在马路上时，总会有学生走过来向她表示无限的敬爱，稚气的笑脸说起沙漠的故事亦是头头是道，就连尚在小学的侄儿每日回家时亦是受了同学委托，祈求来家里看一看他的小姑。

亦是因为如此，还未及在父母面前闲话几句家事，便已被各种邀请、拜访挤满了整个行程。后来，三毛实在疲于各种应酬，只得写了一篇回乡小笺来答谢追捧者的热情，并以此恳请大家，让她将时间留给父母。

虽然我努力在告诉自己，我要完完全全享受我在祖国的假期，游山玩水，与父母亲闲话家常。事实上，我每日的生活，已成了时间的奴隶，我日日夜夜地追赶着它，而仿佛永远不能在这件事情上得到释放。

过去长久的沙漠生活，已使我成了一个极度享受孤独的悠闲乡下人，而今赶场似的吃饭和约会，对我来说，就如同刘姥姥进了大观园，昏头转向，意乱情迷。

其实，三毛回国后的情境实在是与她自己设想的模样大相径庭。多年后，三毛还是对于回娘家的悠远情结不能释怀，喜欢每日在女友间浪漫非常地描画她的那一幅回乡图。

在台湾，我的爸爸妈妈住在靠海不远的乡下，四周不是花田就是水稻田，我的娘家是中国式的老房子，房子就在田中间，没有围墙，只有一丛丛竹子将我们隐在里面，虽然有自来水，可是后院那口井仍是活的，夏天西瓜都冰镇在井里浮着。

每当我回娘家时，要先下计程车，再走细细长长的泥巴路回去，我妈妈就站在晒谷场上喊我的小名，她的背后是袅袅的炊烟，总是黄昏才能到家，因为路远——

三毛对回乡的描绘虽是鬼话连篇，但是，我们从中不难看出，她要回的，只是一个清净安逸的桃花源，而在那片美丽的土地上，住着的只有她的家人。她理想的境况当是一家团聚的天伦之乐，没有社会的纷扰，没有宴会的嘈杂，有的只是一袅炊烟下，蒙蒙细雨中，站在绿野中闲谈的一家老小。

社会名利，于三毛而言，向来是不入眼的身外之物，而父母家人、故乡，才是她心中至亲至爱的重中之重。

三毛，本就是这样的女子，她的人生生来便是对物质没有感念的。一如三毛与荷西结婚时她所说的，跟着爱人，她只要有饭吃便满足，而且自己可以吃得很少。她的生活概念早已沉浸在对自由、对艺术、对流浪的放逐之中，至于那些她生活轨道之外的金钱名利，于她而言，不过是过眼云烟，浮游缥缈之物罢了。

三毛离台前十日，推掉了所有应酬，一心一意地守着父母，守着家人。她甚至带着全家一起去海边看风景，包括三个侄子侄女也一同拉了去，让他们学着感受自然，回归乡野。虽然最终小孩子们对西班牙姑姑的好意全然不听，只是一味地在一起分食零食，但是，三毛依然乐此不疲地又带了他们去看月光，听风声。

三毛流连于故乡山水与父母怀间，乐不思蜀。而远在大西洋彼岸的荷西，此时却是一封接一封的家书到来，他不停催促三毛早些回到他的身边，莫给年老的岳父母多添麻烦。其实对于三毛回乡，荷西一直是反对的，但是，三毛的倔强生而具备，带了几十载在身上，岂是一个人的力量可以控制得了的。

现在想起三毛描写与荷西分别时的情境，亦是丝毫感觉不出她的分离之苦。因为她在书中写得这样开心：

荷西的太太三毛，有一日在她丈夫去打鱼的时候，突然思念着久别了的家人，于是她自作主张地收拾了行李，想回家去拜见父母。同时，预备强迫给她的丈夫一个意想不到的惊喜和假期。

等她开始大逃亡时，她的丈夫才如梦初醒似的开车追了出去。

那时三毛去意已坚，拎着小包袱，不肯回头。荷西泪洒机场，而三毛摸摸他的胡子，微微一笑，飘然上了大铁鸟，飞回千山万水外的故乡来。

这是唯一一次三毛与荷西分别时没有怅然与悲伤，为了记住此次她踏上回程路那一瞬的喜悦，所以费了些笔墨写来。其实，这也是顺理成章的，当时她的心已被故乡的细雨浸透了思念，一朝踏上归途，不知是怎样的归心似箭，如何还有心思悲痛和惆怅。

你的心
是初绽的白莲
快乐摇曳在清香中
你的脸
是如月的春花
幸福荡漾在风悄处
你的影
是出水的芙蓉
欣喜透彻在水碧间
你回来了
带着快乐、幸福、欢喜
你回来了
带着花香、清风、鳞波
你回来了
随着你的心、由着你的爱
不犹豫、不痴缠、不悲伤、不感慨
只是甩着你的衣袂轻轻一舞
便像仙子一般跌落在人间
我们不会讶异你的一瞬惊鸿

不会惊诧你的突然到来
因为我们知道
你只是回来

怕的是失了志气

荷西，中国人有句话——士可杀，不可辱——他那种态度对待你们，早就该打碎他的头，一走了之，我不怕你失业，怕的是你失了志气，失了做人的原则，为了有口饭吃，甘心给人放在脚下踩吗？

——三毛

1977年5月，三毛从加纳利群岛飞去“新内加”首都达卡，然后转机飞去尼日利亚的拉各斯与荷西会合，到达目的地时，荷西已在那工作了三个月。

拉各斯，热带雨林气候，终年阴沉多雨。荷西从1976年失业一年后，便在此地一家私人公司做水下测量打捞工作。三毛到此地，一来是与荷西小聚，二则是给新书采风。

5月1日深夜，三毛抵达了荷西的住处，为他与同事路易做了晚饭，便草草睡下。次日天未亮，荷西便去上班。三毛起床后，无意间看到荷西的工作日记，竟是大怒。

翻到两页空白，上面只写了几个字：“初期疟疾，病假两日。”

下面一笔陌生的字，用西班牙文写着：“药费自理，病假期间，薪水扣除。”

再翻翻，星期天从来没有休息过。

三毛在加纳利时已知荷西每日的上班时间为十六个小时，来了之后只看到荷西瘦得没了人形，已是心痛气恼，此时看了他的工作本，竟连休息假日也是没有的，便愈发觉得荷西实在太过迂腐、老实，而荷西的老板也太过苛刻、心狠。

荷西自沙漠逃亡出来后，便一直没有找到合适的工作。失业的一年中，他与三毛一日只有一餐，生活拮据，上次三毛回国，若说是为了回乡探亲也是可以，若说是为了省下一份口粮亦是贴切的。一年的贫苦，像是一道阴霾般让荷西不堪回首。他自己倒不说什么，然而对于妻子的窘迫是一再不忍的。

贫穷，若单说是物质的贫乏，便是狭义偏颇的。对于当时的三毛荷西而言，贫穷不光是温饱不足，更重要的是，二人的饥饿会让豪气冲天的荷西每日深深自责内疚，颓废消沉，亦会让乐观的三毛在爱人痛苦的阴影中变得敏感而小心。牛奶与面包，不足以让三毛夫妇失去爱，却会以另一种挫败与自卑的形式时刻提醒他们的匮乏。

有时候，我们喜欢固守内心的清高与骄傲，不愿向金钱与利益屈服，不单是为着表面的光鲜，亦是为着内心的信仰。有志者，固守清贫，亦不为五斗米折腰，即使衣衫褴褛，还可以吟诗作赋，感叹世事美妙。自然，生活若是只建立在这样的精神层面上，毋庸置疑，那绝对是高深的。若是饥饿不至于让人气息孱弱，身形嶙峋，那当真可以不去管它，但是，偏偏它可以让你面黄肌瘦，手无寸力，更莫说走上山去看风景，谈人生。李白斗酒诗百篇，天子唤他不上船，自然是闲雅疏狂，不屈权势富贵的令人闻之甚服，但是，你可知，若没了银钱，那斗酒何来？没有斗酒，那诗百篇更何来？

三毛与荷西都不是李白，自然也没有崇尚诗文的有钱人送来美酒，所以他们必须要工作，要牛奶面包，最重要的，他们要对生活有信心，有担当，哪怕那工作已经让他们失去尊严与骄傲。

三毛在荷西的宿舍住定后，次日，公司的老板娘便到住处来辞退了工人和厨子。很明显的，她不会让三毛平白吃住的。几日后，另一个老板协同女友度假回来，与三毛荷西住在一处，很自然的，他们的衣食家务也顺理成章地交给了三毛。

起初，三毛见荷西每日辛苦劳累，回家倒头便睡，自己便也不好去问他薪水待遇和休假的事情。后来，忽有一日，荷西主动告诉三毛，他做了近四个月的工，只得了半月薪水，护照和执业证书初来时也被老板要赖扣下了。

三毛当时气愤极了，她心想，自己每日在这里做下女，做厨子，被人呼来喝去，动辄谩骂，自己的先生每日低声下气，辛苦工作，还每日被他们蔑视尊严，践踏人格，这般委曲求全，换来的却是单薄到可怜的几张钞票。于她而言，勤劳不怕，责骂也忍下，不过是为了生活。然而，这一场艰辛下来，得到的竟是一场摆明的欺骗。

那一夜，三毛气急了，她对荷西说——罢工，讨薪，收拾行囊，回家。

荷西没有辞工，他没有勇气，他只是呢喃——再失业吗？再失业吗？

一朝被蛇咬，十年怕井绳。一年的贫穷，已经让荷西怕到极致，他害怕那样的日子再度来临。于他而言，辛苦、委屈、疾病都可以忍受，但是没有能力养家，亏待太太，不如死了。

贫穷，有时击不倒闲雅的诗人，却可以将一个担负家庭责任的男人一击命中，因为，他的妻子和家庭便是他生命的全部。

于三毛而言，荷西是她的全部，她不愿爱人失去健康。于荷西而言，三毛是他的生命，他不愿爱人失去食物。

那段时间，荷西每每下班，三毛总是劝阻。她甚至说，她可以卖力地写字，可以出书，一样能够养活两个人。荷西听了只是低头——他死也不会让妻子养活。

三毛那时对荷西灰心得紧，她不愿让自己的丈夫没有骄傲地每日低头弯腰于他人和金钱，她甚至不怕穷困，她只要两个人在一起快乐地活，便够了。然而，荷西，那个倔强老实的大男人，他要的，是一个属于他家庭身份的担当。

三毛那些时日对荷西的劝导总是徒劳，荷西一直固执地辛苦着。若是后来三毛父亲的那一封家信没有到来，荷西也许还是不会改变他的心。

平儿在加纳利岛来信中说，荷西一日工作十四小时以上，这是不可能的事，父母听了辛酸不忍，虽然赚钱要紧，却不可失了原则，你们两人本性纯厚老实，如果公司太不合理，不可为了害怕再失业而凡事低头，再不顺利，还有父母在支持你们——

荷西读了岳父母的来信后，十分感动，终于同意了三毛的决定——辞职。

后续的事情都是三毛计划好的——她先要到部分薪水后，独自回到加纳利岛的家中，荷西随后再提出辞职，拿着剩下的薪水返回，与三毛团聚。

三毛回到家后，事情也并没有结束。因为之后荷西的老板对他苦苦哀求，几番挽留，又多次给三毛致电，谦卑地邀请她回到拉各斯，以安稳荷西的心情。最终，三毛还是回去了，只是她在下飞机时高昂着头，看着恭敬的一群人，默默用眼神告诉了他们——我的原则与尊严是不可侵犯的。

是的，不可因为惧怕贫穷而失了原则与尊严。

几多风景

我们现在的家，坐落在一个斜斜山坡的顶上。前面的大玻璃窗看出去，星罗棋布的小白房在一脉青山上迤逦着筑到海边。

厨房的后窗根本是一幅画框，微风吹拂着美丽的山谷，落日在海水上缓缓转红，远方低低的天边，第一颗星总像是大海里升上来的，更奇怪的是，墙下的金银花，一定要开始黄昏了，才发出淡淡的沁香来。

——三毛

1978年，三毛与荷西在特内里费岛（三毛将此岛译作丹纳丽芙，别有一番情趣），生活安好。荷西的工作是在此地的十字巷建造一个人工海滩，收入颇丰。三毛依旧是跟着饭票走的家庭主妇，每日沉浸在自己的厨房中，乐此不疲。

这一年，是三毛结结实实快乐的一年。她与荷西住在美丽的海湾附近，每日做了家务后，便在岛上四处疯跑，看看风景，买买书籍。晚间与荷西躺在床上，一人一本书，看到天亮，才满足欣喜地睡去。

那些时日，三毛一个人看着岛上旖旎的风景，总是臆想着，若是能与父母共享这般美景，那该是怎样的人生乐事。后来有一日，三毛忽然从当地的报纸上看到政府明令开放观光的新闻。她当时兴奋得险些疯了，慌慌忙忙地拿了信纸来，提笔便给远方的双亲写信，要他们一定要到岛上来团聚。她语无伦次地写了五封信，父母才急急地发信来通知她，跟团旅行的事宜已办妥，明年即刻飞来与她相处一月。三毛闻讯又是一番癫狂，她每日兴兴地督促荷西学英文，还总是十分严厉地告诉丈夫，若是父母来了他表现不好，事后自己便是要来拼命的。

三毛这般痴迷于岛上的风景，自然是有她的道理的。

从海岸一直走到古堡那一条路是最宽敞的，没有沙滩，只有碎石遍地，那么长一条滩，只孤零零一棵松树委委屈屈地站着，树下市政府给放了条长木椅。

这儿没有防波堤，巨浪从来不温柔，它们几乎总是灰色的一堆堆汹涌而来，复仇似的击打着深黑色怪形怪状的原始礁岩，每一次的冲击，水花破得天一般的高，惊天动地地散落下来，这边的大海响得万马奔腾，那边的一轮血红的落日，凄艳绝伦地静静地自往水里掉。

这两种景象配合起来，在我的感动里，竟是想象中世界末日那份摄人心魂的鬼魅和怪异，又想到日本小林正树导演的《怪谈》中的几场片景。这样的画面，总有一份诗意的凶恶，说不出是爱还是不爱，可是每天经过那张松树下的木椅，还是忍不住被吸引过去，坐下来看到痴了过去。

彼时，三毛沉浸在对于风景和生活的浪漫情怀中痴缠眷恋，一时一刻也不愿走出那美景。时日长久后，竟好似着了道一般，每日对着月色兀自轻笑，好似自己已经成了那月中仙女一般。所以，当地的人在当时都喜欢将她称为——常常在瓦伦西亚的月亮里的人。

一日，三毛在停车场偶遇自己的表姐夫，惊喜之余，三毛将亲人请到家中叙旧。在与表姐夫坐在家里的客厅闲话家常一问一答间，三毛觉得如身在故乡一般亲切而温暖。不多时，荷西开门进来，三毛才惊觉，原来自己所在的是他乡。

这荷西，但见他身穿一件蓝白棋子布软绉衬衫，腰扎一条脏旧不堪牛仔短裤，脚踏脱线穿底凉鞋，手提三五条死鱼，怀抱大串玉米，长须垢面，面露恍笑，正施施然往厨房走去——他竟没看见，家里除了我还有别人坐着。

荷西一副梁山好汉阮小七的模样进来，平日间也是正常。今日，三毛借着表姐夫的眼睛对他打量一番，心下还是不禁骇了一跳。再看表姐夫，眼中竟是看了草寇一般的惊愕，心下便想，他或许一时还不能懂得自己千挑万选之下，竟是一个这般特殊的怪人俘获了她的心。

令三毛始料未及的是，那日表姐夫竟与荷西相谈甚欢，后来离开时还约定周末一起到表姐夫所在的渔船上吃饺子。三毛看到荷西与表姐夫志趣相投，自然是欣然赞同。表姐夫那的一顿饺子吃下来，三毛尚还不觉什么，倒是荷西自那之后便彻底换了胃口。之后每每两人在家吃饭，不论妻子端来的是烤鸡还是罗宋汤，他统统都不看在眼里，只是一味念叨那日在表姐夫那吃的饺子如何美味，如何令人念想。

三毛见荷西的饺子情结愈演愈烈，自己不知为何也跟着想念起饺子的滋味来。一日，她心血来潮，也不管自己连饺子皮是如何得来都不知晓，便急急地做起饺子来。自然的，最终只不过做出了几个皮如铁墙，馅儿如粗糠的面团，荷西见了不知是何物，好奇心下吞了一个，之后，便一边体恤妻子辛苦，一边将“饺子”满眼怜惜地夹给了妻子。

三毛在家庭生活中虽然谈不上贤良淑德，但是，赞她一句体贴细致是绝对不算过分的。她深知自己在家庭中的角色和分工，自然，对于爱人的胃，她是绝不会亏待的。

三毛第一次做饺子，大败。当然，倔强的她没有放弃，自此后，每日沉浸在饺子的世界中。两个月后，三毛的饺子事业大功告成。各种馅儿料，各种形状的饺子像艺术品一般每日占据着他们的餐桌。就连当时三毛要宴请自己尊贵的朋友，亦是一桌华丽的饺子宴来应对。

你看过这样美丽的景色吗？满布鲜花的阳台上，长长一个门板装出来的桌子，门上铺了淡橘色手绣出来滚着宽米色花边的桌布，桌上一瓶怒放的天堂鸟红花，天堂鸟的下面，一只只小白鹤似的饺子静静地安眠着。

这些饺子，有猪肉的，有牛肉的，有石斑鱼的，有明虾的，有水芹菜的，还有凉的甜红豆沙做的，光是馅便有不知多少种。

在形状上，它们有细长的，有微胖的，有绞花边的，有站的，有躺的。当然，我没有忘记在盘子的四周，放上一些青菜红萝卜来做点缀，红萝卜都刻成小朵玫瑰花。

三毛，这样懂得生活的女子，她看得见美丽的风景，生活四周亦都是风景，就连自家的餐桌上、客厅里、卧室中，亦都是美丽旖旎，带着浪漫情味的绝妙景致。

一个人，爱什么，便把生活做成什么样子。她随心而行，一生的行径、装饰、家庭亦都是为着自己的心。三毛曾讲，黛玉一生为了自己的心，不迎合他人，不屈就形式，虽是薄命，一生也是值得。三毛也是一样，她的一生，爱着什么，便是为着什么，不如此自由，便毋宁死。

她爱风景，心中便装满风景，上天赐予她美丽景致时，她可以看到许多的迤逦。上天不馈赠时，她便将自己心中的风景一一描画出来，每日赏玩，取悦自己的心思。

这样好的女子，我多想给她一世风景旖旎。只是我生不逢时，不能给她清风细雨，山河明媚，然而，我亦不怨怼，因为我知道：

她的风景已是时不厌倦的永恒。

守望爱情

岛上的日子岁月悠长，我们看不到外地的报纸，本岛的那份又编得有若乡情。久而久之，世外的消息对我们已不很重要，只是守着海，守着家，守着彼此。每听见荷西下工回来时那急促的脚步声上楼，我的心便是欢喜。

六年了，回家时的他，怎么仍是一样跑着来的，不能慢慢地走吗？六年一瞬，结婚好似是昨天的事情，而两人已共过了多少悲欢岁月。

——三毛

1978年除夕，三毛与荷西在特内里费岛一载的工作结束。新年的夜晚，两人坐在荷西建造的海滩堤边，看天空上怒放的烟花。新年钟声敲响时，三毛在荷西的催促下，许下了这样的愿望——但愿人长久。

但愿人长久，这是多么悠远而急切的愿望。厌倦生活的人，不会有这样淡然的期许，没有深爱的人，亦不会有这样平凡的心愿。只有心中有牵挂的人才会渴望永久的时光，爱得真切，自然害怕失去。爱得这样深重的人，想来必然亦是爱生活爱到骨子里的。新的一年，三毛被荷西用外衣裹在怀里，她勾着爱人的脖子，爱恋地看他明亮的眸。腻在他暖暖的怀中，一直叫着——就这样一直抱下去，明天不要来。

有时候，爱一个人，当真是可以爱到渴求时光停滞。

一刻也没有停歇地回到加纳利自己的家中，不管新年的欢庆，两人便开始收拾荒废一年的家。他们一时也看不得爱巢的荒凉，只是用心地埋头去经营那一处属于他们的二人世界。

新年后的两个月里，三毛每日只是偎着荷西，看不够似的凝望着他，好像要将时光望穿一般地守住这个自己已经爱到血液与骨髓的男子。平日间，无论是做家事还是出门散步，两人总是形影不离，快要六年了，这一刻才真正看清自己心中的爱，那已是深刻又深刻地镌在心尖上的痕。

那时，三毛总是惶恐，满溢的美好让她对时针秒针跳动的声音都感到恐惧。她总怕，太美好了，太过美好了，总会不长久。

太想永久，太怕失去，是世间所有女子对爱人的赤诚与眷恋。愈是眷恋便愈是美妙，愈是美妙便愈是眷恋。美妙的眷恋愈来愈烈时，女子便开始胆怯，她怕的不是生活的捉弄，而是时光的小玩笑。因为，生活无论如何变化，爱情总可坚毅，不会逝去；而凛冽决绝的时光，它是不懂情爱的冰冷公式，会自我而机械地行走在恒定而黑暗的隧道中，不管不顾地将爱情与生活消磨掉。

三毛，在自己的爱人前，亦只是凡俗的女子心思，所以她也总是小心翼翼地看着脆弱的时光流动，生怕一不小心碰碎了当下静好的一切。

一日，有电报来，这样家常的小事，三毛竟是骇了一跳，以为自己内心的惧怕成了真。她扑到送信人身边，名字也不及去签，便急急地撕开那信。还好，还好，是个好消息——荷西的新工作来了。

不过几小时的光景，荷西便提着他的箱子走了。新工作那边要人要得紧急，也是无奈。三毛虽然知道荷西已然是个可以照顾好自己的大人，但是心中还是牵念得紧。她放不下心来，因为她一个人，总是不安得厉害。

荷西走了一周后，便急急地来了电话，要三毛过去。之前七日的等待，于三毛已好似几个世纪的长度，荷西打来的电话刚放下，她便慌忙托运了家中的物品，连刚刚收拾好的家也不及多看一眼，只是自己简单地提了小箱子，便匆匆地飞了过去。

多少年了，三毛不曾这般像个初爱的孩子，急切地想厮缠在爱人的怀中。此时，亦不知怎么了，竟这样不耐寂寞起来，一刻也离不开那个痴痴的大胡子。

六年的流年更替，使得三毛的爱情像酒酿一般开始散发出让人迷醉的浓香来。这样迷人的香味令三毛愈发痴恋。她如此情怯地看着自己的心，原来自己已然爱到最深的地方。

是啊，爱情是酒，愈是长远，愈是香沁入骨。

新岛上那时正是杏花微雨的季节，三毛却总在花影里隐隐看到那两座沉重的大火山。她感觉那尖利的山巅好似要刺透她的心脏一般，那时抱着荷西，她总说，这个地方太怪异，让人想哭又说不出流泪的理由。

为了这份固执的厮守，荷西的大半薪水都付给了房租。但是，两人亦是毫不犹豫地认为值得。为了爱情，为了可以拥抱爱人，金钱与那一份亲密相较又算什么呢?

荷西当时工作的拉芭玛岛只有两万人居住，是个温情的小岛屿。三毛与荷西在此，亦是过得舒心自在。他们本来是没有打算多交朋友的，但是三月下来，朋友已是多得不行。

那时三毛的心脏又开始绞痛起来，没有来由的，连日常的事情做起来，亦是力不从心。她愈发觉得不好，便愈发不敢告诉荷西，只是默默地推掉与朋友的活动，悄悄地每日做了饭菜，等荷西下班后，两人守着夕阳，一盘残棋对弈到天亮。

那日，看了电影，两人嬉笑着向家里奔跑，中途三毛的心脏又开始抽搐起来。荷西看她扶着路边的电杆不能言语，惊了一跳，连路也不敢再让她走，只是默默地背了爱人回家。那一夜，二人静静地执着手，对望到天亮。

第二日，荷西上班后，三毛才昏昏睡下。

然后，缠着我已经几年的噩梦又紧密地回来了，梦里总是在上车，上车要去什么令我害怕的地方，梦里是一个人，没有荷西。

多少个夜晚，冷汗透湿地从梦魅里逃出来，发觉手被荷西握着，他在身畔沉睡，我的泪便是满颊。我知道了，大概知道了那个生死的预告。

以为先走的会是我，悄悄地去公证人处写下了遗嘱。

三毛总是感觉自己的时间不多了，平日里却还是对荷西一如往常。然而，纵是这样，荷西还是感觉到了：他每日上工，即使有两个小时空闲，亦是不肯空等在那里，穿着湿衣服便急急地跑回家里，找到妻子，总是抱在怀里，亲密又亲密地不愿分开。

爱情带着相互感应的奇妙情感，好似橡皮筋一般，一端用力另一端便会不自主地跟上来。虽然那感觉绵软而不强烈，但就是不忍割舍，更不敢因为吃力放手，所以只能小心翼翼着，既怕扯断了皮筋，又怕失手伤了那一端的情爱。

三毛对于荷西的爱情便是如此，荷西一直走在他们爱情的前面，三毛起初只是默默随着，后来荷西的爱情愈发紧密，三毛自然便开始近近地跟着，慢慢的，她终于贴到爱情身上，并迷恋上它的味道，从此便和爱人成了一个再无间隙的整体。

两情相悦的爱情，总是让人艳羡，甚至嫉妒，就连老天亦是一样，见了这样痴爱的两个人，总要眼热的。

那些时日，两人再没有和朋友一起疯玩，每日只是默默地看着自己的爱人，眷恋再眷恋。

周五帐篷和睡袋悄悄装上车，海边无人的地方搭着临时的家，摸着黑去捉螃蟹，礁石的夹缝里两盏濛濛的黄灯扣在头上，浪潮声里只听见两人一声声狂喊来去的只是彼此的名字。那种喊法，天地也给动摇了，我们尚是不知不觉。

那日，两人结婚六年纪念日，三毛见荷西迟迟不归，便要去寻他。下了楼，正见荷西走来，脸上却是一脸不自在。回到家中，荷西递来一只罗马女表，急急地告诉妻子，是自己加班得来的，不许在意价钱。

三毛结婚六年，有了自己的第一只手表。她望着消瘦的荷西，没有生气，没有责备他的痴傻，只是微笑着，一脸的泪水。荷西走过来抱住她，轻言在耳边："以后的一分一秒你都不能忘掉我，让它来替你数。"

那天深夜，三毛推醒熟睡的荷西，对他说了那句话，那句欠了他十三年的话。她说——我爱你，爱你胜于自己的生命。

这样一句话，三毛一直不曾说，她愧于表达，总是压在心底。那一夜她说出来，竟是让结婚六年的夫妻相对着流泪到天亮。

第二日，荷西又上工，三毛带了零食来看他，两人竟是害羞得不敢看对方的眼睛，只是都默默地看着海，互相掷石子玩耍。后来，有一天三毛洗床单时，心痛病再犯，她亦不敢说话，只是吞一口烈酒，匆匆地躺到床上去。荷西下班后，看到她这样，心痛不已。

三毛在那时又说了不得已的话。她对荷西说，自己走后，一定要他勇敢地生活，去继续寻找爱情，不要为她而孤寂一生。痴情如荷西，怎么也容不得三毛说这样的话，他急急地逃了出去，只抛下一句——要是你死了，我一把火把家烧掉，然后上船去漂到老死——

生离死别于相爱的两个人而言，或许生的那个才是最最苦楚的，因为承受这种时光折磨的，总是那个尚在时光中行走的人。这种撕心裂肺的痛楚是令人不堪忍受的灭顶之灾，任是怎样勇敢的人，亦是不敢去承受，所以，有人才会这样想：走在前面的一定要是自己。

一直以为是我，一直预感的是自己，对着一分一秒都是恐惧，都是不舍，都是牵挂。而那个噩梦，一日密似一日地纠缠着上来。

平凡的夫妇如我们，想起生死，仍是一片茫茫，失去了另一个的日子，将是什么样的岁月？我不能先走，荷西失了我要痛疯掉的。

是啊，失了一半，要痛疯掉的。于荷西如此，于三毛又何尝不是如此。

三毛与荷西的爱情，我已然不敢再说什么，怕说出了什么，会惊动他们这样美好地爱着。

三毛，我这样挚爱的女子，你那时的苦痛，我现在只有无奈地观望，我什么也做不得。能做的，只是，推迟一下，再推迟一下，不去言语，不去动笔，默然地在心悄处，呵出一丝暖来——温一温你远在天际的爱情。

梦里花落知多少

对弈的人已走，谁还在意推敲红尘之外的一盘残棋？当花开成海，当日尽潮退，当梦里花落，Echo，相信生活和时间，它们既然能带走痛苦，那么我们便无所谓愧疚。如果我们不爱生命，那么一切的生机也便不来了。

一块手帕拭我的泪，擦你的血

听不见狂吹的风沙里

在说什么古老的故事

那一年那个三月

又一次

地老天荒

花　又开了花开成海

海　又升起让水淹没

你来了来了一场生生世世的约会

我不再单独走过秋天

不是跟你说过三次了吗

我—是—你—的—天使

不在你身旁的时候

不可以不可以

跟永恒去拔河

你忘了忘了忘了忘了

那一次又一次水边的泪与盼

你忘了岸边等你回家的女人

日已尽潮水已去
皓月当空的夜晚
交出了
再不能看我
再不能说话的你

同一条手帕
擦你的血湿我的泪

要这样跟你
血泪交融
就这样跟你血泪交融
一如
万年前的初夜

——三毛

1979年7月，三毛的双亲抵达西班牙。三毛去马德里接机，然后和父母一同飞到加纳利群岛与荷西会合。

父母来之前，三毛一直给荷西洗脑。她一定要荷西称呼自己的父母爸爸妈妈，不能像西班牙本土的习惯那样，称呼长辈为先生太太，不但如此，她还威吓荷西，若是见了父亲敢称呼陈先生，那他一定会转身搭飞机回台湾。

那时，他们没有悲伤，亦不能感知悲伤，因为那些时光实在是快乐得厉害。

那日，三毛同父母抵达机场。早在一旁等候的荷西马上激动地跑上来，一只手抱着爸爸，一只手抱着妈妈，然后又将三毛唤过来，四个人亲密地围在一起。

当荷西单独拥抱三毛的父亲时，他局促地低下头，紧张地用中文喊了一声爸爸，接着又转过身对着三毛的母亲喊了一声妈妈，之后便一直低着头不敢抬起来，只是拼命地将行李往车厢里装。回家的途中，三毛一直鼓励荷西用英文与自己的父母交流，荷西一边开车一边用西班牙语告诉三毛，自己实在太紧张了，已经几日不曾睡着过，当下更是怕得不得了。

我们亲昵地称呼自己的父母已是十分习惯的事，但是，若是称呼除自己父母之外的任何人这个称谓，那都是极其难开口的事情。荷西这样叫三毛的父母，若是没有对妻子一腔满满的爱在胸中，实在是不可能的事情。他这样淳朴的男子，厚重而浓郁的爱，让人一生亦是不肯分离。

那一段时光是最美的，三毛一生最挚爱的人都在她的身边，在那个风景绝美的小岛上，他们一家四口相处得十分融洽和谐。

有一天在餐桌上，我与父母聊得愉快，荷西突然对我说，该轮到他说话了，然后用生硬的英语说："爹爹，你跟Echo说我买摩托车好不好？"荷西很早就想买一辆摩托车，但要通过我的批准，听了他这句话，我站起来走到洗手间去，拿起毛巾捂住眼睛，就出不来了。从荷西叫出"爹爹"这个字眼时（爹爹原本是三毛对爸爸的称呼），我相信他与我父母之间又跨进了一大步。

这样的家庭生活，想来是最静好不过了。每一人心中都带着爱，不管是爱情般热腾腾的爱，还是亲情般暖洋洋的爱，都是生活中最美好的情愫。当这种带着温度的感情萦绕在一个温馨的小家中，这个家便是建造在爱的空气中的绝妙暖港。

一个月后，三毛同父母一起离开小岛，去英国旅行。荷西在机场送行时，抱着三毛的妈妈一再安慰，不许她感伤离别。他还承诺说，明年一定去台湾与家人一起生活。

这样好的承诺，这样好的约定，若不是一场哀伤的空等待，该是怎样美好的一世岁月。

在那一架小型的螺旋桨飞机上，三毛邻座的妇人与她攀谈，自我介绍时，妇人拿出一张名片，上面写着——某某某的未亡人。三毛看后感觉十分不祥，但是她没有想到，两日后自己也成了那样的身份。

美丽的时光在人生的道路上总是显得纤弱无助，它经不起风雨，历不得险滩，好似一片轻薄的冰层，一点点的些微动静便可以将它轻易击碎。

1979年7月30日，荷西下海捕鱼，潜进海底后，便再也没有浮上来，给爱人讲海底那美丽奇幻的世界。

荷西，不足三十岁的年轻生命，在他正该跳跃、奔腾的年华里，竟楸然地沉寂在那一片如他的心一般，纯净透彻的世界里。

荷西，三毛的荷西，她挚爱的亲人，永世的爱恋，就这样一声不响地离去，似融进大海的一滴水般，默然消逝。

这样伤痛，像是苦酒一杯，留于三毛，一世慢咽。

荷西，平静地在海底沉寂两日，才被打捞起，安置在墓园旁停灵的小屋中。三毛走来，不敢相信那人便是自己鲜活的爱人，她将所有亲友挡在门外，只一个人，进来坐在荷西身旁，小心翼翼地数着时间，默守着属于他们夫妻的最后一个晚上。

走进去的时候我看到那个棺材里面躺着的人就是我心爱的丈夫，我怎么看都是他实在是没有错呀。但我也没有大哭大叫，我就上去看着他穿着他心爱的潜水衣，我就把我的手握着他的手，就像我们平常生活的习惯一样，在这样走路时总是拉着手的，我就跟他讲，我说：荷西，以我的经验或者我们共同的经验，好像你死的时候你要经过一个黑黑的隧道，你不要怕，我上有高堂，我有父母我不能跟你一起走，可是你不要怕，我握住你的手，你勇敢地走过去，虽然我不在你身边，你这个隧道过了以后，那边有光，神会来接你，过几年我再来赴你的约会。我就握着他的手跟他说：要勇敢，要勇敢，没有我的时候你也要勇敢，那讲的时候他已经过世两天了，我不知道为什么，在那个时候，好像他，他不能再告诉我，跟我讲话，可是那时候我讲完那些话的时候，他的双眼里面流出鲜血来。他的鼻子，他的嘴也流出了鲜血来。我不知道，到今天，我也问过很多学医的朋友们，说这是为什么请你告诉我，人死了不是血液不能循环了吗？他们说我们不能解释。我拉住他的手，那么这个歌词里面就有这样的句子说：同一条手帕，擦你的血，湿我的泪，就是潮湿的湿，当时就是我一面擦我的眼泪，一面擦他的血，一面擦眼泪，就同一条手帕跟他这样血泪交融，就如好像我们万年前的那个初夜。

上天，为何让这样好的爱人这般痛绝。我们挚爱的女子，你要坚强。去了的人，你要安息。这样的伤，这样的殇，怎样读来，怎样说出，都是止不住的泪。我们只有默默地盼望，那走的只是一抹魂，他的心还在，他们的爱情也还在。

我举着一把伞、沿上轻落着水滴
狂奔在黑暗中
寻你，找你
那个永远不撑伞的你

细冷的寒
可是浸在了你的体
可是寒彻了你的意
莫怕，我带了温暖，带了爱情来给你

你在黑暗的小巷中、黑暗的角落里
瑟缩着纤细的手臂，抱着自己，
那样紧的抱　好似抱着爱一般不能自已
你低着头　我亦知道　你怕安慰　你在哭泣

呼唤你、呼唤你、呼唤你
祈求你、祈求你、祈求你
你不愿站起　一直低低地想要逃离
明了了　明了了原来是和爱人抱在了一起

我留下一把伞
欣喜在风雨里
不回首　不牵绊
只因我知　爱情一直没有离开你

天使的翅膀永远张开

荷西去了的这些日子，我完完全全将父母亲忘了，自私的哀伤将我弄得死去活来，竟不知父母还在身边，竟忘了他们也痛，竟没有想到，他们的世界因为没有我语言的媒介已经完全封闭了起来，当然，他们日用品的缺乏更不在我的心思里了。

是不是这一阵父母亲也没有吃过什么？为什么我没有想到过？

——三毛

世间最是重要的感情，若是笼统地讲，便有两种：一种是亲情，一种是爱情。若是细致地去推敲，还有一种爱情与亲情掺杂沉淀后的感情，我们且将它叫作夫妻情。

若将三种感情的深厚程度和形式作比较，那爱情便似不食人间烟火美幻绝伦的曼妙女子，她艳丽娇俏，令人神往，却总是花无百日红，自不可天长日久。而亲情便似温良娴雅、蕙质兰心的善良妇人，她平凡温顺，令人舒心，亦可一生相随，不离不弃，只是略显平淡乏味，墨守成规。较之于这两者，第三种夫妻情是二者兼并，她既是绝色的美人，又是长久厮守，温良可亲的伴侣。所以，世间许多人，便是以此情分为人生的最重。

自然，世间人情百态，不尽相同，亦有那般百善孝为先的贤良人，总是将亲情作为人生第一大事，还有那样痴情的多情种，总是崇尚爱情至上的偏执信仰。

我是世间的大俗人，总是以父母为先作论评谈世事，实是个愚孝的偏执角色，自然也是没资格将这三种情感做一个排序，但是，我亦要说一句，身体发肤，受之父母，一生被父母百般疼宠，若寻根溯源，开端亦还是在亲情处。

三毛一生的作为，我是百般推崇挚爱的，但是唯有她年轻时在感情的排序上，我是不赞同的。三毛是至情至性的女子，爱情对她来说总是极有吸引力的，她与荷西十几载相爱过活，自然是夫妻情深，然而，对于父母，她总是愧疚了又愧疚，拖欠了又拖欠。

其实，我并不是责怪三毛的乖张，只是，我总觉得，父母那样疼爱她，又总是从来不提要求的开明人，为什么不可多些时间来照顾和关心他们。

彼时，三毛新丧，每日食不下咽，只是一味地在埋葬荷西的黄土前悲伤悼念。她在那时竟是忘了，花甲的双亲在这座偏僻的孤岛上，语言不通，举目无亲，又失了半子，女儿尽日只是泪流发狂，这般辛酸的情境下，他们的日子该是多么的难过。

荷西下葬那日，三毛被打了镇静剂，亦还是在床上嘶喊着——荷西回来，荷西回来。她那样喊叫，怎样的人听了，心也要碎裂的，更莫说是她的双亲，父亲那时已是崩溃得不能自已，而母亲——三毛没有看到她的母亲。

我记得那一天，厨房里有油锅的声音，我事后知道母亲发着抖撑着用一个小平底锅在一次一次地炒蛋炒饭，给我的婆婆和荷西的哥哥姐姐们开饭，而那些家属，哭号一阵，吃一阵，然后赶着上街去抢购了一些岛上免税的烟酒和手表、相机，匆匆忙忙地登机而去，包括做母亲的，都没有忘记买了新表才走。

那时，三毛才第一次知道，原来母亲的爱是这样的厚重而有道理。

之前，她总是觉得母亲爱得繁杂，只会令她生活得不够自由自在。

荷西走后的很长一段时间里，三毛总是晨起便到荷西的坟前，一直痴坐到镇中的灯火初上才返回家中。每每走到门口还未拿出钥匙，母亲便已拉开了门，等待着悲伤的她木木地走进来。三毛那时是没有言语的，只是静静地走到自己的卧室中，睁着眼睛等待第二日天亮，再奔去荷西的身边，而父母总是在她的床头，小心翼翼地端着汤水，呢喃着祈求她吃上一口。

之后，三毛的情绪略好些了，便开始着手办理荷西的身后事。父亲每日总是在她出门的时候，轻声问，要不要一起去。三毛只是默默地拒绝——她想一个人，为爱人做最后的事。

一次，三毛出门办事碰上汗水满面的父母，两人已走了长长的一段路，打手势买了一些花，要送去荷西坟前。三毛看着年迈的双亲那般辛苦，惭愧得心焦，便要开车送他们去。母亲急得要哭一般，拉了父亲便走——他们不愿再给憔悴的女儿添一丝麻烦。

花被母亲紧紧地握在手里，父亲弯着身好似又在掏手帕揩汗，耀眼的阳光下，哀伤，那么明显地压垮了他们的两肩，那么沉重地拖住了他们的步伐。四周不断地有人在我面前经过，可是我的眼睛只看见父母渐渐远去的背影，那份肉体上实实在在的焦渴的感觉又使人昏眩起来。

父母的背影，总是最令人感动的风景，他们踽踽独行在天地间，永远弥漫着一种苍凉而深厚的爱。这种爱，没有条件，没有理由，只是一种从我们生来他们便时刻携带在身上，供我们幸福快乐的甜蜜负担。

父母爱子女，总是这样的。平凡着随风潜入，默然着润物无声。

三毛第一次看到父母如此孤寂的背影，心中便是苦苦的，她有些难过，感觉自己可能已经亏欠父母太多的东西。

荷西走在中秋节，三毛与父母十二年中，第一次在团圆的节日相聚在一起，不想，竟是这般悲戚的过法。如此戚戚然与父母生活在一起多日，三毛竟是全然不知。直到那日，那满眼萧索的画面在不远处一直跳动，她才意识到，原来父母一直是自己亲密的守护天使。

后来，一日风浪大起，三毛又一次在水雾中看到了母亲的背影。

母亲腋下紧紧地夹着她的皮包，双手重沉沉地各提了两个很大的超级市场的口袋，那些东西是这么的重，使得母亲快蹲下去了般地弯着小腿在慢慢一步又一步地拖着。

她的头发在大风里翻飞着，有时候吹上来盖住了她的眼睛，可是她手上有那么多的东西，几乎没有一点法子拂去她脸上的乱发。

三毛站在自己的车门前，看着倒车镜中母亲的模样，竟是呆住了。这是自己那个不久以前穿着红衬衫朗笑的母亲吗？这是那个比自己还要高出些许的娴雅妇人吗？是在何时，母亲变成了这样戚戚的模样，是在何时，她已然成了一个佝偻的老人。

直到此时，三毛方才明白爱是什么。那便是一生倾尽所有，到死也不愿放开的那份情愫，是父母无私而伟大的至生给予。

我们在心中为爱情、亲情作比较，排顺序，从没有想过，父母的心中，我们何时排在第二位过。

三毛对于亲情的理解来得不算太迟，爱情的流失关闭了她的心窗，亲情打开了她的心门。这便是平凡的一种爱，永恒的一种真理，它的光芒那样狂放，纵是你的心上布满灰尘与伤痕，亲情也总是会愀然地绽放出来，日渐光明。

一月之后，三毛答应随父母一起回乡。

该是要分开了

阳光下，没有再对荷西说一句话，签字笔一次次填过刻着字的木槽缝里——荷西·马利安·葛罗。安息。你的妻子纪念你。

将那几句话涂得全新，等它们干透了，再用小刷子开始上亮光漆。

在那个炎热的午后，花丛里，一个着彩衣的女人，一遍又一遍地漆着十字架，漆着四周的木栅。没有泪，她只是在做一个妻子的事情——照顾丈夫。

——三毛

荷西走的那年岁末，三毛简单处理了岛上一切事宜，准备与父母一同回家。临行前，她来到荷西的坟前，与心爱的丈夫依依惜别。

加纳利群岛四季如春，三毛向荷西辞别时，虽已是冬季，但那日正午墓园中阳光还是照得炽烈，四周还有喧嚣的蝉在不知疲倦地鸣叫。

三毛来到荷西的墓碑前，缓缓坐下，偎着那个黄土堆，双手缠在一边的十字架上。她在爱人长眠的地方，一遍又一遍地抚摸着墓碑上的名字——荷西·马利安·葛罗。她的手指温柔地在墓碑上痴缠着，好似在梳理爱人暖暖的、柔柔的发丝一般。

三毛看着爱人的名字，在心中默默地一遍遍地对他说那句欠了他十三年的美丽情话——我爱你，我爱你，我爱你。她低下头，亲吻爱人的名字，口中说荷西安息，荷西安息，手却紧抱着那属于两个人的十字架，如何也不肯放下。

三毛安慰着自己心中汹涌的悲伤，她告诉自己，荷西只是睡了，只是睡了，而自己不过是要回家走一趟，很快便会回来与他相守。她用小口袋装上坟前的一撮黄土，再一次往爱人坟前的水瓶里注满清水，插上鲜艳的玫瑰。她在心中嘱咐着：爱人啊！你一定要乖乖地等我回来。

离别的时刻，三毛几度想要放开手，却又几度愈发抱紧了爱人。她多想与爱人一起躺在这片黄土下，执手永眠。

父母在山下巴巴地等着，是该要分开了。

我最后一次亲吻了你，荷西，给我勇气，放掉你大步走开吧！

我背着你狂奔而去，跑了一大段路，忍不住停下来回首，我再一度向你跑回去，扑倒在你的身上痛哭。

我爱的人，不忍留下你一个人在黑暗里，在那个地方，又到哪儿去握住我的手安睡？

我趴在地上哭着开始挖土，让我再将十指挖出鲜血，将你挖出来，再抱你一次，抱到我们一起烂成白骨吧！

那时候，我被哭泣着上来的父母带走了。我不敢挣扎，只是全身发抖，泪如血涌。最后回首的那一眼，阳光下的十字架亮着新漆。你，没有一句告别的话留给我。

这样的不舍，这样的留恋，无论如何亦是弃不下那个挚爱的灵魂。然而，尚有父母在，尚有责任在，不管怎样，也必要一个人独自苟活下去，哪怕未亡人的苦酒浓烈而悲情，亦是要在余生的流年里，独自忍着哀苦，寂然残喘。

就这样，三毛同父母再一次回到故里。

在家的那段时间，三毛与父母谈起生死时总是劝慰他们，若是自己选择结束生命这条路，那么亲人们一定要想得开，因为于她，那只是一个更幸福的归宿。

一生怯懦的母亲听了这样刺心的话，眼泪总是止不住，但是亦不敢多说什么，只是在女儿身旁，轻轻劝她——再试试，再试试活着。

父亲便不同了，他坐在黯淡的灯光下，语气几乎已经失去了控制，他说："你讲这样无情的话，便是叫爸爸生活在地狱里，因为你今天既然已经说了出来，使我，这个做父亲的人，日日要活在恐惧里，不晓得哪一天，我会突然失去我的女儿。如果你敢做出这样毁灭自己生命的事情，那么你便是我的仇人，我不但今生要与你为仇，我世世代代要与你为仇，因为是——你，杀死了我最最心爱的女儿——"

父亲的话有若当头棒喝，将三毛从失去爱人的苦痛中嘶喊出来。她终于明白，自己的一生不只是一个人，亦不是只有自己与荷西两个人，她还有年迈的高堂，还有至亲的姐弟，她要活下来，为着自己肩上的责任，她不可推脱。

1980年，三毛再次回到西班牙，向荷西的家人交代他们之前的财产状况。自然的，她没有争，亦不会去争，她怕黄土下爱人亡魂不得安息。

之后，她又急切地回到埋葬爱人的那座小岛，与以往不同，她没有再穿黑衣，而是着了一身斑斓的彩衣来告慰爱人的灵魂——她可以好好地活。

三毛坐在荷西的坟前，抱着墓碑，这一次，她没有痛哭，没有哀号，只是倦倦地依傍着爱人，一同听着大地远处的歌声——记得当时年纪小，你爱谈天，我爱笑，有一回并肩坐在桃树下，风在林梢鸟儿在叫，我们不知怎样睡着了，梦里花落知多少。

这是三毛有记录的最后一次到拉芭玛岛，此后，她回到加纳利岛上自己的家中，一直到次年才再度回到台湾。

其实，三毛这一次离国原本是回来处理她与荷西的房子的，但是，当她回到他们生活了几年的家中，却再也不想离去——那熟悉的一切，都包含着不可割舍的爱。

她每日一个人带着一只大狗，草草地做上一锅饭，与狗一同分食，因为受不了独自吃饭的那份冷寂。三毛一个人固守着她与荷西的家，每至半夜，她便打开落地窗，让海风肆虐地吹进来，自己便坐在那海风中，痴看着墙上爱人的照片，然后傻笑着，流出泪来。

三毛总说荷西的离去是中途折翼，而她自己，在这份诀别面前何尝不是失去了人生最最美好的那一份至纯与快乐。那时的三毛，我们已然看不到她标志性的自由，阳光般的豁达，银铃般的欢笑。她的一切美好，在爱人离去时一起随云而散了。

那个原本古灵精怪的女子，喜欢鬼话连篇地随性表达自己的世界，她那样美好的模样，我们还历历在目。只是从这一次爱人离去之后，三毛虽还在眼前，我们却总感觉，她好似也跟着爱人去了一般。

且等待，且等待，等待着那逝去的，再随着风的脚步，慢慢归来。

她走了

妈妈在桃园机场等着我时，看见我推着行李车出来，她冲出人群，便在大厅里喊起我的小名来，我向她奔去，她不说一句话，只是趴在我的手臂上眼泪狂流。我本是早已不哭的人了，一声“姆妈！”喊出来，全家人都在一旁跟着擦泪。这时候比我还高的妈妈，在我的手臂中显得很小很弱。妈妈老了，我也变了，怎么突然母女都已生白发。

——三毛

1982年，三毛结束了她的旅行，回到家乡，在机场与家人相见时，一家人竟都是眼泪。

回家的第一天晚上，三毛一夜未眠，床头的电话和书桌旁两麻袋的信件令她感觉压抑。对于过惯了小岛闲逸生活的三毛，繁复的人情世事已是陌生又陌生，惧怕又惧怕。她回来，只是抱着叶落归根的思乡情结，打算回家安度余生的，哪里会想到要在霓虹繁华的名利世俗场中穿梭应对。

三毛回到台湾，在台北文化大学中国文学系任教。此时，她已是东亚地区十分受欢迎的知名作家，社会各界不断发来邀请，约她出席各种宴会、演讲，还有许多喜欢她作品的文学爱好者每日打来无数电话，请求见面交流文学心得。

突如其来的琐事将三毛的记事本填得满满当当，细细安排下来，她竟是连几周后在家吃一顿饭的时间都是没有的。

许多外县市的座谈会，往往是去年就给订下的，学校的课，一请假就得耽误两百个莘莘学子，皇冠的稿件每个月要交，还有多少场必须应付的事情和那一大堆一大堆来信要拆要回。就算是没事躺着吧，电话是接还是不接？接了这一个下一个是不是就能饶了人？

除非是半死了，不肯请假的，撑着讲课总比不去的好。讲完课回到台北父母家里，几乎只有扑倒在床上的气力。身体要求的东西，如同喊救命似的在向自己的意志力哀求：“请给我休息，请给我休息，休息，休息……”

三毛曾劝导自己课堂上一个生病咳嗽的学生，说请假不要紧的，一节课而已，对人生没有任何影响的。那学生听了，只是拼命摇头，说要上课的，要上课的。三毛对此十分无奈。她总是说，人生不会因为一次休息而变得不同，然而，她自己总是如此忙碌地去应对生活，一时的休息也不肯给自己。

有时候，忙碌是一种忘情的状态，它可以令人亢奋而痴迷，一旦沉浸其中，便不知不觉陷进一种错误的生活方式。

农夫沉醉于收获的忙碌，是因为他可以看到丰硕的果实；商人沉醉于运筹的忙碌，是因为他心中有着对纸醉金迷的期许。世间忙碌的人，总是因为心中的欲念，三毛的忙碌，亦是不例外的，只是她的目的来得简单而特殊——为了忘却和周全。

三毛所要忘却的，是内心的孤寂凄苦与绝望；所要周全的，是作为一个公众人物的形象与影响力。彼时，三毛已不单纯是一个朴实男子的妻子，她的社会角色已经是内心抗拒着的那一个知名人物，所以，她先要忘却自己的抵触与内心，再要顾全当下已经被认定的人物角色对他人的影响。

三毛看别人总是豁达的，然而对于自己总是要求极严苛的，所以，她总是十分卖力地做好自己，教好别人。

对于三毛的拼命忙碌，最为刺心的便是母亲。她总是默默地做着女儿的坚实后盾，将三毛照顾得无微不至。然而，时日长久了，母亲每每见爱女不眠不休，亦是心焦得紧，后来有一日，三毛实在劳累得厉害，又患上咳嗽，母亲实在看不过，便坚决地要自己去演讲，给女儿腾出些休息来。

母亲总是这样温柔怯懦，小心翼翼地用一种默然守护的形式来对待这个已经流浪了十几载的倔强女儿。而父亲，却是不一样的。

“你要不要命？你去！你去！拿命去拼承诺，值不值得？”

“到时候，撑起来，可以忍到一声也不咳，讲完了也不咳，回来才倒下的，别人看不到这个样子的——”

“已经第七十四场了，送命要送在第几场？”

“不要讲啦——烦不烦的，你——”

“我问你要不要命？”这是爸爸的吼声，吼得变调，成了哽咽。

“不要，不要，不要——什么都要，就是命不要——”做女儿的赖在床上大哭起来，哭成了狂喘，一气拿枕头将自己压住，不要看爸爸的脸。

三毛沉浸在繁重的日程安排中，任父母如何劝导叱责亦是停不下来。其实此时，她要的并非是某一种忘却与顾全的目的，而是她已经身在凡尘的泥淖中不能自拔，再不是那个清风一般的女子。

三毛的人生在此时是一个非常明显的转折。在这一段时光的隧道中，三毛一进一出，便从一个随风而行的流浪者化作一个失心于工作的公众人物。她的这一次改变，自然不是来自她的心，而是来自那熟悉而陌生的生活环境和霓虹交错的社会。

其实，三毛对于这一次的改变亦是无奈。她曾经在一次宴会上，因为受不得那般虚伪的热络，而随心地做了一个提议，她说——我们一起来扮小孩子好不好，自在地吃饭，自在地说话，想要走开便起身离去，连告辞亦是不用说的。当时，在座的人被三毛惊得一丝言语也说不出口，只是悻悻地低下头讪笑，只有三毛身旁的一位女士见她尴尬地僵在那里，才出言解围说——您当真是单纯的女子。

这一句“单纯的女子”，说出的意味，让三毛领会不到是褒义还是贬义。那人说得飘忽，实在令人悟不透她语言下的复杂含义。

自那之后，三毛便只是一声不响做她的知名女作家。然而，她变成一个这样的女子的个中缘由，实实是五味杂陈的。

我每每看三毛回国后的那些文字，总是暗伤，因为，那文字背后的执笔人，她的心中，带着无奈，带着凌乱的伪装。

为何再不见撒哈拉中那个踽踽独行的流浪者，亦不见那个黄沙中骄傲而立的倔强女子。她走去了哪里，竟走得这样决绝而凛冽。

想来也只能是去赴一场唯美的爱情。

不然，为何走得头也不回。

活着

我睁着眼睛等天亮，恶性失眠像鬼一样占住了我。我开始增加安眠药的分量，一颗、三颗、七颗，直到有一夜服了十颗，而我不能入睡。我不能入睡，我的脑伤了，我的心不清楚了，我开始怕声音，我控制不住地哭——没有任何理由。歌词出不来、书出不来、家没有修好，淑惠正在死亡的边缘挣扎，妈妈割掉了部分的身体……

——三毛

想来，自1982年后好似有两三年的光景，三毛一直处于一种十分忙碌的状态。无论是她在国内的应酬，还是在国外的匆匆之旅，她的一切都显得那样仓促而慌忙。

1985年，三毛在国内连续住了九个月，她的新书《倾城》正在筹备出版。

一日，三毛在与出版社交流新书的个中细节。社中的朋友提示她，若是她肯再努力些，便可以一同推出另外两本新书——《谈心》和《随想》。三毛几乎是不假思索地便采纳了朋友的建议。

那时，她的心中充满了喜悦与成就感，因为，同时出版三本书，实在是一件极其疯狂而罕见的事情。然而，令她没有想到的是，亦是在那一段时间，小丁神父的新书《墨西哥之旅》终稿完成，译作英文版的事情很快便又来委托于她。

三毛当时像是疯了一般，竟然欢天喜地地揽下了这本之后被她译作《刹那时光》的十二万字的长篇。

紧接着，滚石唱片公司的合同很快地摆在了三毛面前——一整张唱片的歌词。三毛知道这张唱片的制作人是王新莲和齐豫，她向来对这二人在文字的敏锐度方面十分钦敬，所以，她几乎又是没有思考便签下了合约。

人，有时便是这样，喜欢将自己潜意识中的能力全部逼出来，满足一下自己对个人能力价值的好奇心。三毛如此拼命接受新工作，倒不是像世人一般为着自己的好奇，而是就她自己本身而言，十分喜欢沉浸在创造的狂喜中。

人生本是一场辛劳的旅行，却往往还是会被人们爱到深处。因为，那辛劳的汗水中，总是带着创新的喜悦感、成就的满足感以及好胜的征服欲。

于是我同时处理四本书、一张唱片，也没能推掉另外许多许多琐事。

就在天气快进炎热时，我爱上了一幢楼中楼的公寓，朋友要卖，我倾尽积蓄将那房子买了上来。然后，开始以自己的心意装修。

虽然房子不必自己钉木板，可是那一灯一碗，那布料、椅垫、床罩、窗帘、家具、电话、书籍、摆设、盆景、拖鞋、冰箱、刀、匙、杯、筷、灶、拖把……还是要了人的命和钱。

雪球越滚越大，我管四本书、一张唱片、一个百事待举的新家，还得每天回那么多封信，以及响个不停的电话和饭局。

我的心怀意志虽然充满了创造的喜悦与狂爱，可是生活也成了一根绷了快要断了的弦。

三毛将平静的生活几乎挤得变形，但是，她总还是乐此不疲。因为，只有这样，她才能真切地体会生命的意义和自身的价值。

那些时日，上天好似与三毛一般也发了疯。先是让三毛的挚友得了脑癌住进台大医院，接着十日后，三毛的母亲又发现乳癌住进了荣民总医院。这样，三毛又开始跑医院。

这样下来，三毛白日要在两所医院间马不停蹄地奔波，夜间又要绞那几乎要绝尽的脑汁去写作。但是，这样的疲敝，让三毛的心空白了起来，所以，她不得不把那一天本来只有四个小时的睡眠时间，用来阅读张爱玲，因为只有这样，她才能放松下来，忘却日间沉重的一切。

大概有三个月了，三毛没有睡眠。

一日，三毛的好友打来电话，问她钢琴是否还要买。三毛听了，竟是迷茫，她不知何时自己打过电话，亦不知自己要买钢琴。朋友告诉三毛，她在半夜三点打电话吵醒朋友一家，嚷着要人家帮她找钢琴。

接着，三毛的许多朋友都打来类似的电话，三毛却都是全然不知。她在那一时间，记忆已经失去大半。后来，她甚至在家里的大水瓶中发现大把的万年青，而那青叶长在楼顶花园的墙外，自己曾想去剪些来，只是因为怕坠楼一直未去。而此时，那一片片绿叶就赫然插在自家的水瓶中，自己却是一点记忆的影子都寻不来。

后来，三毛的挚友去世，她跑到医院中痛哭了一场。那时，她很想去荣民医院看望一下母亲，但是她怎么也不记得医院的方位。最后，只得无奈地打车回父母家，然而当她在父母家楼下下了车后，却发现自己已然忘了家的方向。

那天我又吞了一把安眠药，可是无效。我听见有脚步声四面八方而来，我一间一间打开无人的房门，当然没有人，我吓得把背紧紧抵住墙——听。人病了，鬼由心生。

近乎一个半月的时间，我的记忆短路，有时记得，有时不记得，一些歌词，还在写，居然可以定稿。

最怕的事情是，我不会回家。我常常站在街上发呆，努力地想：家在哪里，我要回家。有一次，是邻居带我回去的。

整整六个月没有阖眼了，我的四肢百骸酸痛不堪，我的视力模糊，我的血液在深夜里流动时，自己好似可以听见哗哗的水声在体内运转。走路时，我是一具行尸，慢慢拖。

一个月后，三毛被送进医院的脑神经内科，住院十七日后，病情好转，遂出院。当然她没有再继续国内的工作，而是飞去美国休假。因为经过这一次的大病，她已然知道，工作的进度快慢实在算不得人生的要事。而能够记得回家的路，才是世间最重要的幸福。

曾经听过这样一个故事，说是在一座美丽的小城里有一座山，站在山顶便可以俯瞰整个小城的秀美风景。但是居住在这里的人，从来没有一个人看到过小城的全景。因为在那座可以饱览风景的小山上长满了甜美的草莓，每每有人爬上山去看风景，总是会被草莓吸引过去，而忘了原本上山的目的。

世间有多少人亦是这般忘却了生命原本的目的，而迷惑在追求目的的路上。

幸福的方式在我们心中日益繁杂，追求幸福的脚步便也跟着凌乱起来。而幸福本身，其实一直就在它原来的地方纹丝未动，只是我们那愈发贪婪的心，却在生命的迷途中越走越远。

三毛勘破了人生的这道迷津，以破茧成蝶的姿态重获自由，结束了她之前几载的无度忙碌。从此，她便是一只自由飘飞的彩蝶，在世间百态之间守着一缕花香，暗自快活在自己美丽的彩衣下。

遗失的心动

在那空旷的大街上，我发足狂奔起来，不回头，那种要将自己跑到死的跑法，我一直跑一直跑，直到我转弯，停下来，抱住一根电线杆拼命地咳嗽。

而豪华的马德里之夜，在市区的中心，那些十彩流丽的霓虹灯，兀自照耀着一切有爱与无爱的人。而那些睡着了的，在梦里，是哭着还是笑着呢？

——三毛

1986年夏天的一个周末，三毛在马德里。

有时会开始一次没有必要的旅行，只为到那个熟悉的地方，去寻一寻曾经留在大雪的夜空下的那一份承诺。三毛在失去荷西之后，便一直喜欢在那些曾经有着他们记忆的城里游走。

在西班牙，塞戈维亚便是三毛回忆最多的城市，她曾经在这里牵着大狼狗在厚厚的雪地中散步，也曾经在这里躲在爱人的风衣中发着神经吃冰激凌，这座城中，有她青春的欢笑、泪水，还有她永生不忘的海誓山盟。

三毛周五抵达马德里，周六在旅馆中休息一日。当下，她准备周日在城中闲逛一日，第二天一早便搭乘最早一班火车去塞戈维亚。其实公车亦是有的，既方便又舒适，只是三毛更喜欢火车特有的一种流浪的生活情调，所以在有火车的地方，她从来都不会选择其他交通工具。

马德里的周日向来热闹繁华，三毛久静，已不喜欢喧嚣，所以不敢走到繁华地带去。她只是就近在路边的咖啡馆中点了一杯冷饮，悠闲地将脚搭在对面的椅背上，捡起别人丢下的一张报纸，欣欣然地看着。

待她将报纸前前后后都看完后，她便转身开始看路边的行人——于三毛而言，那是一道奇妙非常的风景。

在那个炎热的天气里，三毛的旁边坐着一位大胡子，在喝一壶热茶——这让三毛感到疑惑。她看那人的打扮，像是亚洲国家的知识分子，手中拿着一本旅游指南，在十分认真地看。三毛离那人很近，但是，在静坐的两个小时里，谁也没有说一句话。

在三毛心里，留着大胡子的人大部分都是羞涩的，因为她认为只有躲在大胡子后面才感觉安然的人，必该是这样的。许便是因为这个，三毛突然开口向那人提出建议，下午有一场西班牙的斗牛不错，晚上还有一出很值得一看的法兰西歌舞。

就这样两人便开始聊了起来，对方是希腊人，住在雅典，大学教师，眼下正要去美国读博士，出过书，理想是拿到学位后去撒哈拉沙漠。

这样多的事情一样样讲出来，讲得三毛心跳越来越快。倒不是因为沙漠和写书，而是那人长得实在好看，深沉善良的气质像是一种光辉，让三毛感觉兴奋。于是那一下午，三毛都与希腊男子坐在那里，从苏格拉底讲起，一直讲到星座、光年、电影、文学。这样的聊天让两人感觉棋逢对手，相见恨晚。但是，直到最后他们也没有讲各自的名字。

三毛起身告别时，希腊男子站起来，与她重重地握手。一句“很高兴认识你”，说得真诚而实在。

第二日，三毛起早到火车站去塞戈维亚。因为去得太急，所以坐错了车。尽管这样，三毛到达塞戈维亚时，那里的店铺也才刚开门。

在曾经熟悉的小巷子中，三毛一遍遍地走着，看着。她将那些以往的美好逐一找寻，试图找出那句诺言来。但是，当下的情境早已是物是人非——塞戈维亚苍黄的夏天怎可能与童话的冬天一般美好啊。

三毛在这样一座故地，感觉竟是万般的陌生，她不想说话，不想吃饭，只是坐在冰凉的台阶上，默默地感受凄凉。

就在那个时候，看见远远的、更上层的地方，有一个身影。我心扑一下跳快了一点，不敢确定是不是看错了，有一个人向我的方向走下来。是他，那个昨天在马德里咖啡座上交谈了好久的希腊人。确定是他，很自然地没有再斜坐，反过身去用背对着就要经过我而下台阶来的人。不相信巧合，相信命运。我相信，所以背着它。

只要一步两步三步，那个人就可以经过我了。昨天我扎着头发，今天是披下来的，昨天是长裙，今天是短裤，他认不出来的。

这时候，我身边有影子停下来，先是一个影子，然后轻轻坐下来一个人。我抬起眼睛对着他，说了一句：“哦，你，希腊左巴。”

有时候，命运会与我们开上一个小玩笑，它会悄悄地开溜到别人的轨道上，给我们一个诧异的巧合。

那天三毛知道了希腊男子的名字——亚兰。他们一起坐在石阶上，亚兰对三毛讲，我们好像在哪见过，可是我们确是没有见过。

那个温柔真诚的男子，他说得深沉，说得让三毛开始哀伤。在这样的城市里，三毛看着亚兰的眼睛，她看得出来，那感情是自然流露。

亚兰起身去为三毛买食物，他说二十分钟后回来，走到不远处，又转过来说——我就回来，好吗？Echo。

他唤三毛——Echo。

在这个悲伤透了的城里，被人喊出自己的名字来，好似是一种回音，是十三年前那些呼叫我千万遍人的回声，它们四面八方地跃进我的心里，好似在烈日下被人招魂似的。那时候，亚兰走了。

不知为什么，在这一霎间，觉得在全西班牙的大荒原里，只有亚兰是最亲的人。而他，不过是一个昨日才碰见的陌生人，今天才知道名字的一个过客。这种心情，跟他的大胡子有没有关系？跟他那温暖的眼神有没有关系？跟我的潜意识有没有关系？跟他长得像一个逝去的人有没有关系？

那天下午，三毛与亚兰同一趟火车回马德里。

车站分别时，亚兰告诉三毛，他后天便要飞去纽约，明天，他想他们也许应该见个面。三毛没过多推脱，默默地点了头。从车站到旅馆的路上，经过斑马线时亚兰牵起三毛的手，三毛没有反抗，只是当黄昏的风吹来时，她一直想要流泪，而那泪水，又与亚兰无关。

第二日下午，亚兰到三毛所在的旅馆来接她，两人一起就近去看了一场电影。散场后，他们又一起在马德里的小路上一直走着散步。半天下来，亚兰一直幸福地笑着，三毛说什么他都说好，他那羞涩的喜悦显而易见。

在马德里的中国饭店前有人认出了三毛，同胞跑来与三毛说话时，无意间将她的书和她的撒哈拉，以及她的荷西，急切地说了出来。亚兰在一旁听得呆掉，三毛见他脸色有些不自然，便急急地按住他的手，对他快速地将自己的一切简单地概述了出来。亚兰听完红了眼睛，他的温柔、了解、关怀，还有他的爱在那一刻，都显现在那闪亮的眼角里。

亚兰陪着三毛又回到那天初识的咖啡座上，他疼惜地看着三毛，一直对她讲——留下来的人应当尽力欢悦地活。他将这一句话，一直说到小店打烊。

在路边的长椅上，两个人告别。亚兰急急地写下自己的地址，连同一块父亲留给他的星石一并给了三毛。

他问三毛——你会来找吗?

三毛说——不会。

三毛站起来，像风一般地跑开来，她不要那个自己已然有些心动的人追过来。

她只是浪迹天涯，对于一个似曾相识的温良男子，她的心，只是怦然，没有决绝与凛冽。

三毛的爱情，早已在荷西离去的那一片云中，随之而去。留下的，纵是心动，亦只有心动——都是与爱情无关的东西。

人生的路上，给予爱情的那一段，是绝美的，亦是唯一的。人生没有两次同样剧烈的爱情，因为只要一次逝去，便会从此失了深爱的能力，再也没有开始的可能。

三毛对于爱情，向来要求如她的人一般至纯，所以她总说，荷西是她唯一的男人，她是荷西唯一的女人。

她的唯一都已然离去了，哪里还会有——爱情。

你曾在橄榄树下等待

虽说，你身边的一草一木都在适当的时候影响了你，而你借着这个媒介，也让身边的人从你那儿汲取了他们的想望和需要，可是你又忘了一句话——在你的生活里，你就是自己的主宰，你是主角。

——三毛

20世纪80年代末对于三毛，是人生最为安稳的几载。她结束了海外的一切事宜，定居中国台湾，是年10月，她被各大杂志协会授予“最受读者喜爱作家”。之后三毛从台北文化大学中国文学系卸职，开始游览大陆，并专职演讲和写作。期间她开始创作剧本《滚滚红尘》，还去大陆拜访了一直通信联络的漫画家张乐平先生，并认这位《三毛流浪记》的创作人为义父。三毛谈起自己的这位父亲总是充满着崇敬与赞赏，张乐平对于三毛亦是十分喜欢，言及自己的这位女儿，他言语间总是带着欣然——“她的性格、脾气、爱好像谁呢？看她那多情、乐观、倔强、好胜、豪爽而又有正义感，有时又显出几分孩子气，这倒真是我笔下的三毛。”

那时，我们看三毛如同张先生一般，只知她在经历了丧夫之痛十载之后已然是化茧之蝶，却不知她的爱情早已是人生一份不远不近的憧憬。

三毛的爱情总是令人猝不及防，带着强烈的态势压顶而来。或许这种爱情的表现形式只是欢喜，但是有时亦是会被内心强大的热情冲撞理智。彼年，崭新的时代到来，于三毛，于她的爱情，这都好似预示着一个新的开始。

1990年4月，《滚滚红尘》在新疆开拍，三毛跟随剧组在当地取景采风。后来因为工作关系，她偶然结识了当地的“西部歌王”王洛宾先生。王洛宾老人一生经历坎坷，却在艰苦的环境中创作出《在那遥远的地方》《掀起你的盖头来》等一系列脍炙人口的民歌作品。三毛在认识他之前，便从大作家司马中原先生口中得知过一些关于老人的经历，当时，她被这位西部歌王的不凡人生感动得几度泪流，下定决心，有机会一定要来与他见上一面。

那日，三毛得空来到王洛宾的住处，拜会了这个已经79岁的老者。王洛宾对于三毛的到来十分惊喜，相谈甚欢之余，他还为三毛写了一首短歌：

是谁在敲门
声音那样轻
像是怕惊动主人
打开房门
顿吃一惊
原来是一位女牛仔
模样真迷人——
镶金边的腰带
大方格的长裙
头上裹着一块大花巾
只露着
滴溜溜的一双大眼睛

因为这首歌，三毛再一次被这个多才多情的老者感动，在走出那座充满歌声的房子时，她对这个花白胡须的老人讲，若是明日有闲暇，可到她所在的旅馆再做交谈。

次日，王洛宾到三毛所在的旅馆回访。他在前台询问三毛的房间号时，竟引起一场轩然大波，原来三毛入住时并没有用自己的名字登记，旅馆工作人员也不知三毛就在他们店中落脚，王洛宾说出三毛的名字时，他们又是诧异，又是惊喜。

这样一来，三毛与王洛宾的交谈自然是没有如愿。王洛宾从旅馆出来时，三毛悄悄地对他说——到了秋日我再来看你。

之后的三个多月，三毛与王洛宾一直鸿雁传书。王洛宾自然已经感觉到三毛的感情，他曾在给三毛的信中说：萧伯纳有一把破旧的雨伞，早已失去了伞的作用，他出门带着它，只能当作拐杖用。

王洛宾将自己比为萧伯纳的旧伞，是一种无奈的自嘲，三毛却是将这把雨伞当作自己心灵的寄托，一次王洛宾延缓了回信的日期，三毛还急急地写信责备他说——你好残忍，让我失去了生活的拐杖。

三毛在失去荷西十余年后，对待生活的态度已然大不相同，从当初的欲死不能到后来乐观美好地阅读大地，她的心中不是没有过磨难与煎熬。

没有一个人真正知道自己对生命的狂爱的极限，极限不是由我们决定的，都是由生活经验中不断的试探中提取得来的认识。

如果你不爱生命，不看重自己，那么这一切的生机，也便不来了，Echo，你懂得吗？

相信生活和时间吧！时间如果能够拿走痛苦，那么我们不必有罪恶感，更不必觉得羞耻，就让它拿吧！拿不走的，自然根生心中，不必勉强。

生活是好的，峰回路转，柳暗花明，前面总会有另一番不同的风光。

让我悄悄地告诉你，Echo，世上的人喜欢看悲剧，可是他们也只是看戏而已，如果你的悲剧变成了真的，他们不但看不下去，还要向你丢汽水瓶呢。你聪明的话，将那片幕落下来，不要给人看了，连一根头发都不要给人看，更不要说别的东西。

那你不如在幕后也不必流泪了，因为你也不演给自己看，好吗?

如果人生可以放下过去，只向前看，无论之前那是一个怎样悲伤颓然的人，于她而言这都是一件极有勇气的事。三毛肯去忘却那一段悲戚的往事，开始新的生活，我们自然是赞赏的。无论她的这一次开始是怎样的姿态，是怎样的过程，怎样的结局，只要她可以开始，那便说明，那个倔强不屈的坚毅女子，她还活着，很好地活着。

曾经，她那样渴望死去，因为于她的心而言，死去是一个温暖的归宿。

曾经，她那样颓废消沉，因为于她的爱而言，沉默是一个柔软的巢穴。

而现在，她抛去一切忧愁，要开始一段崭新的爱情。明日的明媚春光可以渗进她的心房，她可以明丽如春花，可以灿烂如皓月。这样明亮的光华，再一次来到三毛身边，挚爱她的我们，心中不知是怎样的欣喜与快慰。

生活有时会有一些瑕疵，懂得追求的人都会知道，只要将那小小的缺憾细心地弥补好，人生还是一样会美好地进行下去。

于我们而言，当是如此，于三毛而言，亦不例外。

许多人的一生，所做的其实便是不断修葺自己的生活，假如我们在修补之外，尚且有机会重新缔造自己，生命就更加有趣了，你说是不是?

有时候让自己奢侈一下，集中精神不为别人的要求活几天，先打好自己的基础，再去发现别人，珍惜自己的有用之身，有一天你能做的会比现在多得多。

而且，不是刻意的。

三毛与王洛宾年龄相差三十多岁，如若将他们的感情归作爱情，很多人是不能接受的。好事者会将这样一件美好的事情曲解作三毛的多情、一厢情愿、故作天真。但是，了解三毛的人不会有这样的想法，因为，与其让一个人守着过往逝去的美好而一生痛楚，不如让她开始一段新的旅程。不管这样的一段经历是怎样不被世俗接受，只要纯善的她感觉快乐，那便够了。

三毛对于这份爱情，自然是喜不自胜的。她被王洛宾身上的岁月痕迹深深吸引。她迷恋着老人身上流年的气息，已然无法自拔。有一种爱情始于一种保护欲和怜惜感，三毛对于王洛宾的爱情大致便是这种感觉，自然，三毛痴迷艺术与音乐的心思亦是在这段爱情中推波助澜。

三毛对于爱情的到来一向欣欣然，所以在她的眼睛里，旁人的曲解与诽谤，不过是浮云一般，不值得理会与计较。勇敢的女子，她的爱情永远盛放，它的陨落，亦是绝美的风景。

王洛宾为三毛这样写道：

你曾在橄榄树下等待再等待

我却在遥远的地方徘徊再徘徊

人生本是一场迷藏的梦

请莫对我责怪

为把遗憾续回来

我也去等待

每当月圆时
对着那橄榄树独自膜拜
你永远不再来
我永远在等待
等待等待
等待等待
越等待，我心中越爱！

对弈的人走了

对弈的人已走，谁还在意推敲红尘之外的一盘残棋？

——三毛

人生，若是一场戏，你将是台上一个怎样的角色，主角、配角、导演、幕后……

中庸的人会选择做戏中的配角，因为这个角色既可以让别人认识，又可以偷偷地在主角的光辉下演绎出自己的平而不凡。不显山、不露水，低调又华丽的角色，便是这样的角色。

野心家会选择做一场戏的导演，因为这个角色可以把控所有人的命运，还可以随心安排整个舞台的灯光与道具。这样的角色，必须是有魄力、懂制衡的人才可驾驭，只有心中欲念重者才会有这样大的心思，去给每一个人排出唯美、多姿的人生形态。

保守的人会选择为精彩的大戏做幕后，这样的人既喜欢看别人在舞台上的华丽绽放，又不甘于只做一个单调无味的观众，所以他们选择躲在幕后，看着一场场的经典对白，来品味自己也曾参与其中的绝妙滋味。

有一个角色，是只有勇士才敢出演的戏中焦点——主角。

主角，要做到将一个人演成一段历史，他的存在，既揭示整场戏的存在意义，亦是为所有角色做背景。敢演这个角色的人大都胸怀开阔、自主坚韧，他既能担当起整场戏的成败，又可以在聚光灯下坦然自我。这样的人，必然是可以撑起他自己的整个人生的勇士。

三毛，小小女子，她说，她是人生的主角。

她有自己的爱情主张，有自己的归宿方向，却也从不盲从附和，亦不主观武断。她的一生，任何事物都不能阻止她演绎自己卓尔不凡的人生。她果决坚毅，自由不羁，她的舞台，从来都是由她的气质定场，所以，她令人赞赏，令人钦敬而挚爱。

1990年，三毛与王洛宾的一场相识，引得社会舆论众说纷纭，褒贬不一。她本人对此不以为然，在她的心中，爱恨向来都是黑白分明的。她若爱了，那么几句闲言于她视若无物，更何况爱情于她，向来都是极美好的信仰。

三毛只做自己生活的主角，对他人的人生向来不参与，在她的观念里，每一个人都应该忙于自己人生的角色，而对于别人的演绎方式，只该可观而不可言。

三毛这样独特的性情，世间的好事者自然不懂，他们喜欢追着三毛的足迹捕风捉影，肆意诋毁。因为他们不懂，所以他们只是妄言。聪敏如三毛，对于这样的情境，自然是不计较，亦不屑理睬。

对于别人的生活，我们充其量，只是一份暗示，一份小小的启发，在某种情况下丰富了他人的生活，而不是越权代办别人的生命——即使他人如此要求，也是不能在善意的前提下去帮忙的，那不好，对你不好，对他人也不好的。

三毛作为自己人生的主角，从不计较他人，纵是别人恶意中伤，三毛亦只当那是无心之失。她不将那样的流言蜚语当作生活的某一部分，于她而言，那只是无稽的笑话罢了。

1990年8月，三毛不顾外界舆论，只身赶往新疆，再次与王洛宾相会。

三毛23日到达新疆乌鲁木齐，直接便住进了王洛宾的家。她甚至特意穿上旅行时定做的一套精美的藏族长裙，学了王洛宾著名歌曲《在那遥远的地方》中女主角藏族牧羊女卓玛的模样，想引得王洛宾的欢心。

在乌鲁木齐的那段日子里，三毛每日和王洛宾骑着单车，飞行在乌鲁木齐的大街小巷，他们一起逛百货公司、去瓜果摊买水果、到菜市场采购食材，三毛还曾十分有心地向王洛宾展示自己的厨艺。

然而，当时王洛宾正忙于一部电视片的拍摄，他每日早出晚归，在家的时间少之又少。尽管他对三毛十分热络，但是，他凉白开的温度，已然无法知道三毛内心炽烈的热情。

那段时间，三毛怀着一腔深情，想要给眼前那位沧桑的老人拂去岁月的刀痕，她一直认为，老人是孤寂的、悲戚的。但是，当她开始与王洛宾朝夕相处时，她才发现，原来他那么忙，忙得连孤独的时间都是没有的。

终于，三毛明白，三十多岁的年龄差距像是一道无法逾越的心灵鸿沟，横亘在她与王洛宾之间。她一直期许的是用自己的柔情温暖老人那苍凉的心，但是她没有想到的是，将近八十年的岁月痕迹在老人心上已不是一道痕，而是一块深深的烙印，而她，她的温暖，不过是一份稚嫩的偏执罢了。

后来，三毛在王洛宾家中生病，老人十分热心地为她请来医生诊治，并专门派了一个女孩子来照顾她的生活。此时三毛已然没有了初来时的满怀热忱，她知道自己的坚持已是无用功，所以，9月7日凌晨，她没有等到太阳出来，便收拾了自己的行囊，落寞地离去了。

世间有多少女子，在爱情的狂热中意乱情迷，忘却了自己，亦迷失了方向。她们一生都挣扎在爱与不爱间，仿若只有爱情，才是生命的全部。这样的女子是痴傻的，亦是偏颇的。将爱情当作事业是世间痴情女子的悲哀，她们偏执地、敏感地走进爱情的一条死胡同，在里面碰撞、冲击、愤恨，自此一生难得出路。三毛是一个看得清自己的心的人，她知道自己渴求的温暖，已是一个遥不可及的梦，于是，她坚决地放弃了。

12月21日，三毛给王洛宾写了最后一封信，可惜，由于邮递关系，老人收到信时，1990年已经结束。

四日后，三毛自杀的噩耗传来。

那时岁月的光影里，有一位老人坐在自己院中，看着那一大张女子画像，手中握着她的一缕白绢包着的青丝，他看着她——回望，他在等待，他在爱。

三毛，一生用自主的形态演绎了一场浓墨重彩的长剧。她是主角，那样突出的主角，夸张的主角，相较于人生戏剧的其他参演者，她自由、随性、不羁、睿智、机敏、精灵、坚毅、豁达、美好、静谧。

她一生的影像，都好似在无人的黄沙中，暗地妖娆。

亦是因为她的这般美妙，总有人为她唱一支等待的歌，悼念她瑰丽的一生。

附录

三毛随想

路是由足和各组成的，足表示路是用脚走出来的，各表示各人有各人不同的路。

——三毛

每个人对待生活都是自己由内而外的一种心灵展示，而这种展示出的姿态，又会在不同的人眼中有着不同的模样。

三毛一生自由不羁，活得自我而狂放。便是因为她对待人生的态度这样盛大，所以在别人眼中，她总是那样的卓尔不凡。

三毛的父亲陈嗣庆先生对于自己的爱女曾这样评价：

我女儿常说，生命不在于长短，而在于是否痛快地活过。我想这个说法也就是：确实掌握住人生的意义而生活。在这一点上，我虽然心痛她的燃烧，可是同意。

生而几十载，受尽一番艰辛磨难，苦心志，劳筋骨，饿体肤，实实是一件苦差事。但是睿智的人懂得聪明地活，他们将生命当作一次快乐而新奇的游戏，这样嬉戏一场人生，自是感觉不到苦楚的。

三毛的母亲缪进兰女士曾这样说自己的女儿：

三毛是个纯真的人，在她的世界里，不能忍受虚假，就是这点求真的个性，使她踏踏实实地活着。也许她的生活、她的遭遇不够完美，但是我们确知：她没有逃避她的命运，她勇敢地面对人生。

在我这个做母亲的眼中，她非常平凡，不过是我的孩子而已。

是啊，一个人一生无论怎样辉煌，在母亲面前，便永远也只是个孩子。三毛，一生至纯，除了母亲外，许多人都曾讲她是个大孩子。

人前人后，做一个大孩子是件快乐的事情，既可以撒娇耍赖，又可以本真自我，三毛做人从不虚伪，乐天而豁达。想来，做一个孩子，当是她一生的幸运。

三毛与林青霞初识时，林青霞这样评价面前那个温婉地微笑着的女子：

我们曾经约好，她带我一起流浪，一起旅行的，但最后她去不了，理由是我太敏感，很容易读出她的心事。通常我与人第一次见面都会记得对方的穿着打扮，但是三毛那天穿了什么我完全记不得，只记得她是一个敏感而心思细腻的人，她专注地听我倾吐，也谈论人世间的悲欢离合，听她的故事令我入迷，她是个多情而浪漫的女人，我完全被她的气韵所吸引住了。

三毛一直是一个内心有些自我卑怯的女子，自小到大她都是这样的。她害怕别人看穿她内心的那一份卑微，所以一直拒绝太多过于热络的朋友。

后来三毛与林青霞熟识，林青霞对她的评论又是另一番滋味：

三毛曾说过很羡慕我和秦祥林恩爱，也想找一个关心自己、可以谈心的及工作上的伴侣，可惜未能找到理想对象。对于死去的丈夫，她仍然十分怀念。她太不注意保护自己……我曾经劝她不要太过任性，就算自己不在乎自己的身体，也要为父母保养身体。

这是一种朋友之间的怜惜，说得淡淡的、轻轻的，带着些许责备与嗔怪，平平静静地说出了一种深厚的友谊。三毛的魅力便体现在这里，林青霞这样桀骜的女子亦为她的人性光芒所折服，可见，三毛确是个不俗的女子。

贾平凹与三毛一直有书信往来，三毛去世前还一度十分挂心地安排与这位“秦腔汉子”见面。对于三毛的印象，贾平凹如是说：

三毛不是美女，一个高挑着身子，披着长发，携了书和笔漫游世界的形象，年轻的坚强而又孤独的三毛对于大陆年轻人的魅力，任何局外人作任何想象来估价都是不过分的。许多年里，到处逢人说三毛，我就是那其中的读者，艺术靠征服而存在，我企羡着三毛这位真正的作家。

贾平凹一直文笔老辣，言辞准确，对于三毛的一番形容亦是入木三分。我们对于三毛的狂热追求一直是温度不减的，对于那个行走在黄沙中的女子亦是永难忘记的，不管是三毛还是撒哈拉之心，那都会是我们一生挚爱的一个人。

作家梁羽生这样高度评价三毛：

有些本来是含义美好的名词，用得滥了，也就变成庸俗不堪了。才子才女满街走是一个例子，银幕、荧幕上的奇女子频频出现也是一个例子。我本来不想把这种已经变得俗气的衔头加在三毛身上的，但想想又没有什么更适合的形容，那就还是称她为奇女子吧。“奇”的正面意思应是特立独行，按《辞海》的解释，即志行高洁，不肯随波逐流之谓也。

“出淤泥而不染，濯清涟而不妖，中通外直，不蔓不枝，香远益清，亭亭净植。”这几句形容莲花的句子，用在三毛身上恰如其分。她是干净到底的女子，没有艳丽的容颜，亦没有妖娆的气质，但是她便是她，独一无二的泰然美好。

志行高洁，说得真好。

作家李敖对三毛不甚了解，却总是对她异议极大，言辞间也略显苛刻：

三毛很友善，但我对她印象欠佳。三毛说她“不是个喜欢把自己落在框子里去说话的人”，我看正好相反，我看她整天在兜她的框框，这个框框就是她那个一再重复的爱情故事，其中有白虎星式的克夫，白云乡式的逃世，白血病式的国际路线，和白开水式的泛滥感情。如果三毛是个美人，也许她可以有不断的风流余韵传世，因为这算是美人的特权。但三毛显然不是，所以，她的“美丽的”爱情故事，是她真人不胜负荷的……

一段美丽的爱情故事要用姣好容颜来承载，这样的观点我不敢苟同。卓文君未见得容色倾国，却也守得一份传颂千古的爱情。钟无艳貌丑羞见君颜，终也落得了一份矢志不渝的恒久坚贞。爱情，若以容颜论，当真是辱没了世间最唯美的一种情愫。

司马中原与三毛算得上是熟识，他对自己这位率真的朋友这样评价：

如果生命是一朵云，它的绚丽，它的光灿，它的变幻和飘流，都是很自然的，只因为它是一朵云。三毛就是这样，用她云一般的生命，舒展成随心所欲的形象，无论生命的感受，是甜蜜或是悲凄，她都无意矫饰，行间字里，处处是无声的歌吟，我们用心灵可以听见那种歌声，美如天籁。被文明捆绑着的人，多惯于世俗的烦琐，迷失而不自知。读三毛的作品，发现一个由生命所创造的世界，像开在荒漠里的繁花，她把生命高高举在尘俗之上，这是需要灵明的智慧和极大的勇气的。

每个人身上都有一种自然的力量，这样的力量可以让我们活得本真而自我，很多人为了迎合与合群而放弃了这样的力量，其实，于整个的人生来讲，这样的放弃是一种极大的损失。

三毛一世逐风逍遥，快活在山水间，不拘泥，不逢迎，不但拥有一个完美的人生，还成为我们人生的一座里程碑。这样的女子，若不说她伟大，便也能说上一句卓尔不凡的。

演员胡茵梦对三毛有自己独特的认识：

有很多人批评三毛，认为她只是在自己的小天地做梦，我不以为然。基本上，文学创作是一个人性灵升华的最高表现，她既能升华出这样的情感，就表示她有这样的层次，这比起很多作家，我觉得她在灵性上要高出很多。

一个人若是有曼妙的梦，那她一定有美好的生活，若她有美好的生活，她一定有一颗纯善的心。一个有着一颗纯善心灵的人，我们何必计较她是否做了一个曼妙的梦呢？

三毛一生乐于助人，为人正义，却总有人对她的文字与人生吹毛求疵。其实这样的人大可不必对三毛的许多细节揪着不放，因为三毛本也不在意这些无关紧要的空穴来风，而挚爱三毛的人，亦是会在心灵上与她有着如出一辙的执着与坚韧。

对于三毛的生死，作家倪匡曾这样说：

三毛对生命的看法与常人不同，她相信生命有肉体和死后有灵魂两种形式。她自己理智地选择追求第二阶段的生命形式，我们应尊重她的选择，不用太悲哀。三毛选择自杀，一定有她的道理。

作家辛东方曾这样说：

三毛一生追求的幸福用语言是无法形容的，她的这种幸福来自灵魂和身体上的自由。所以她几乎遍布了世界的各个角落，留下了那脍炙人口的作品。三毛永远活在我们心中，大家永远记住了她。

生死于三毛，早已是心灵之外的事情。她的自杀，众说不一，我却是什么也不说的，因为我知道，三毛是爱静的人，我不想用世俗的喧嚣聒噪她静美的灵魂。

三毛走了，却和在时一样令人挚爱，这便够了。她走了，只是带走一片云，却留下了一整片天空，这样的空间值得我们一生畅望，何必再去计较一片云的颜色呢？

最后，再看琼瑶这样对三毛说：

说是了解你的，了解有多深？

说是你的知交，相知有多少？

说你不快乐，到底快乐是什么？

了解她，读了几十遍她的一生，觉得那个浪迹天涯的女子终是一个谜。

与她相知，多少次贴近她的心，亦是没有替她分走心上的一次悲戚。

她不快乐，看了她一辈子的像，也尽是丽如春花的笑颜。

三毛，一生缠绕在她身边最大的话题便是爱情。虽说爱情于她而言不曾朝朝暮暮，但是她的情恨，也是一生长久地演绎着。

每个人的人生中都会有一段刻骨铭心的爱情，这样一段感情会让一个人确定他一生的爱情观。三毛最美好的爱情，便是与荷西的柴米油盐酱醋茶。她将爱情融入生活，时刻享受爱情的甜蜜，又将生活当作爱情，一生品尽光华的浪漫。

爱情

世上难有永恒的爱情，
世上绝对存在永恒不灭的亲情。
一旦爱情化解为亲情，
那份根基，才不是建筑在沙土上了。
我只是在说亲情。

某些人的爱情，只是一种“当时的情绪”。
如果对方错将这份情绪当做长远的爱情，
是本身的幼稚。

不要担心自己健忘。
健忘总比什么都记得，来得坦然。
爱情的路上，
坦然的人最是满坑满谷。

一霎真情，
不能说那是假的。
爱情永恒，
不能说只有那一霎。

爱情，如果不落实到穿衣、吃饭、数钱、睡觉
这些实实在在的生活里去，
是不容易天长地久的。

有时候，我们又误以为一种生活的习惯——
对一个男人的或女人的，
是一种爱情。

爱情不是必需，少了它心中却也荒凉。
荒凉日子难过，
难过的又岂止是爱情？

爱情有如甘霖，
没有了它，
干裂的心田，即使撒下再多的种子，
终是不可能滋发萌芽的生机。

真正的爱情，
绝对是
天使的化身。
一段孽缘，
不过是
魔鬼的玩笑。

对于一个深爱的人，无论对方遭遇
眼瞎、口哑、耳聋、颜面烧伤、四肢残缺……
都可以坦然面对，照样或更当心地爱恃下去。
可是，一旦想到心爱的人那熟悉的“声音”，
完全改换成另一个陌生人的声调清晰呈现，
那份惊吓，可能但愿自己从此耳聋。

不然，情爱难保。

说的不是声带受伤，是完全换了语音又流利说出来的那种。

哦——难了。

爱情不一定人对人。

人对工作狂爱起来，是有可能移情到物上面去的。

所谓万物有灵的那份吸引力，

不一定只发生在同类身上。

爱情是一种奥秘，来无影，去无踪，

在爱情中出现借口时，

借口就是借口，显然是已经没有热情的借口而已。

如果爱情消逝，

一方以任何理由强求再得，这，

正如强收覆水一样地不明事理。

爱情看不见，摸不着——

在要求实相的科学呆子眼里，它不合理。

可是学科学的那批人

对于这么不科学、不逻辑的

所谓虚空东西，

一样难分难解。

爱情的滋味复杂，绝对值得一试二尝三醉。

三次以后，

就不大会再有人勇于痛饮了。

逢场作戏，连儿戏都不如，

这种爱情游戏只有天下最无聊的人才会去做。

要是真有性情，认真办一次家家酒，

才叫好汉烈女。

爱情是彩色气球，无论颜色如何艳丽，

禁不起针尖轻轻一刺。

云淡风轻，细水长流，

何止君子之交。

爱情不也是如此，才叫

落花流水、天上人间？

爱情是一出淡然久远的生活剧，友情便是一场情味浓缩的好电影。

生活中，有那样一群人，相伴红尘，策马尘嚣，一起浪荡在世事的黄沙中，他们之间没有年龄、金钱、权势，甚至连性别也可以模糊掉，这样人群间的情感维系，便是友谊。

三毛对人生看得豁达，处世方面虽然算不得人情练达，但是几个知心挚友也是有的。她对友情的看法，确是值得我们揣摩。

朋友

朋友是五伦之外的一种人际关系，

一定要求朋友共生共死的心态，

是因为人，

没有界定清楚这一个名词的含意。

朋友的好处，在于可以自由选择。

有些，随缘而来，
有的，化缘而来。
更有趣的是，
朋友来了还可以过，散了说不定永远不会再聚。
如果不是如此，
谁又敢交朋友呢？

不要自以为朋友很多是福气。
福气如果得自朋友，那么自己算什么？

一霎知心的朋友，最贵在于短暂，
拖长了，
那份契合总有枝节。

朋友还是必须分类的——
例如图书，一架一架混不得。
过分混杂，匆忙中去急着去找，
往往找错类别。

也是一种神秘的情，来无影、去无踪，
友情再深厚，缘分尽了，
就成陌路。

对于认识的人——所谓朋友，实在不必过分谨严。
凡事随心，心不答应情不深，
情不深，见面也很可能是一场好时光。

朋友再亲密，
分寸不可差失，
自以为熟，结果反生隔离。
朋友之义，难在义字千变万化。

朋友绝对落时空，
儿时玩伴一旦阔别，再见时，
情感只是一种回忆中的承诺，
见面除了话当年之外，再说什么就都难了。

朋友无涉利害最是安全，一旦涉及利害，
相辅相成的可能性极为微小，
对刻成仇的例子，比比皆是。

朋友之间，
相求小事，顺水人情。
理当成全。
过分要求，得寸进尺，
是存心丧失朋友最快的捷径。

朋友共乐，
锦上添花绝对有必要。

朋友共苦，
除非同病相怜，不然总有高低。

雪中送炭，贵在真送炭，
而不只是语言劝慰。
炭不贵，给的人可真是不多。

心意也是贵的，
这一份情，最能意会。
当然，那是朋友急需的不是炭的时候。

认朋友，
急不来，急来的朋友急去得也快。

筛朋友，
慢不得，同流合污没有回头路。

为朋友，
两肋插刀之前，三思而后行。

交朋友，贵在眼慈，横看成岭侧成峰——
总是个好家伙。
小疵人人有，这个有，那个还不是也有，
自己难道没有？

即使结盟好友，时常动用，总也不该。
偶尔为之，除非不得已。
与任何人结盟，
都是累的，这个结，不如不去打。

意气之交，虽是真诚，
总也失之太急。

友情不可费力经营，这一来，就成生意。
生意风险艰辛大，
又何必用到朋友这等小事上去？

关心朋友不可过分，那是母亲的专职，
不要做“朋友的母亲”，弄混了界限。

批评朋友，除非识人知性，
不然，不如不说。

强占友谊，最是不聪明。
雪泥鸿爪，碰着当成一场欢喜。
一旦失去朋友，最豁达的想法莫如——
本来谁也不是谁的。

呼朋引伴，要看自己本钱。
招蜂引蝶，甜蜜必然不够用。

重承诺，重在衡量自己能力。
拒说情，拒在眼底公平。
讲义气，讲在不求一丝回报。
说风情，说时最好保留三分。

知交零落实是人生常态，
能够偶尔话起，而心中仍然温柔，
就是好朋友。

两性朋友关系一旦转化爱情，
最是两全其美。

两性之间，一生纯净友谊，绝对可能。
只怕变质消失的原因，不在双方本人，
而在双方配偶难以明白。

交朋友，不可能没有条件。
没有条件的朋友，不叫朋友，
那叫手足了。

情深如海对朋友——不难。
不难，在于没有共同
穿衣、吃饭、数钱和睡觉。

跟自己做朋友最是可靠，死缠烂打总是自己人。

沧海一粟敢与天地去认朋友，才是——
谁与我逝兮，吾谁与从，
渺渺茫茫，归彼大荒。

三毛看破世间红尘，对爱情、友情已是了然于胸。她看得到爱情的好与坏，分得清友情的真与伪，她的明了既是来自生活的慢慢渗透，也是来自那一段痛彻的心伤。

其实，于人生而言，伤，可以教会我们坚强，亦可以授给我们生活的诀窍。荷西逝去时，他与三毛共同的朋友从各个遥远的地方赶来吊唁亡魂、安抚三毛。在那一场生死诀别中，三毛不但学会了坚强，更学会了感恩。

一道伤，是一段殇。

虽凄惶，亦温良。

伤

伤心，是一种最堪咀嚼的滋味。

如果不经过这份疼痛——度日如年般地经过。

不可能玩味其他人生的欣喜。

伤心没有可能一次摊还，它是被迫的分期付款。

即使人有本钱，在这件事上，

也没有办法快速结账。

有时候，我们要对自己残忍一点，

不必过分纵容自己的哀怜。

大悲，而后生存，

胜于不死不活地跟那些小哀小愁日日讨价还价。

有些人的怨叹只是一种习惯，不要认真帮他们解决，

这份不快乐，

往往就是那些人日常生活中的享受。

有时候我们因为受到了委屈而悲伤，

却不肯明白，

这种心情，实在是自找的。

挫败使人苦痛，

却很少有人利用挫败的经验修补自己的生命。

这份苦痛，就白白地付出了。

小聪明人，往往不能快乐。

大智慧人，经常笑口常开。

伤心最大的建设性，在于明白，

那颗心还在老地方。

造化弄人。

人靠自我的造化弄天。

受尽人世凄凉，便可胸怀坦然，经历世事悲苦，人便无心可伤。

看破尘世哀与乐，自然任天地间云卷云舒，亦是没有伤悲与惊喜的。三毛的人生在失去了爱人之后，便是这样一番光景。

三毛与荷西的爱情深沉而悠远，在平凡之中浸透着深情款款。六年中，她的家庭生活便是她爱情的全部，不是因为她失去了年轻人的浪漫情怀，而是她那一双精灵的眼睛，早已将世间的男男女女看了个通透。

男与女

男人——百分之八十的那类男人，

潜意识里只有两样东西——

自尊心和虚荣心。
能够掌握到这种心理，
叫一个骄傲的大男人站起来、坐下去，
都容易得很。

女人最爱的两样东西，很可能是爱情与金钱。
女人在精神和物质双方面，
大半都比男人现实得太多。

再糊涂的女人，选丈夫时，
都有她的精明。
再精明的男人，一旦恋起爱来，
就都傻啦！

女人的直觉反应，往往胜于男人考虑再三的判断。
女人不讲逻辑，
男人拿她有理也说不清。

乍一看来，
喜欢花前月下、雨中漫步的好像总是女人。
其实，在这些柔软情调的背后，
女人内心的计划可绝对不止这一点点。

天下男人，在家居生活中，
往往只不过是儿童的延伸。
如果女人抱着爱护儿童的胸怀去对待父亲、丈夫和兄弟，他们大半会用热烈的真情给予回报。
万一，女人硬要在家中将这种“儿童延伸体”，
当成对手，硬逼男人对抗，
得到的后果，往往不堪设想。

男人是泥，女人是水。
泥多了，水浊；水多了，泥稀。
不多不少，捏两个泥人——好一对神仙眷侣。
这一类，因为难得一见，
老天爷总想先收回一个，拿到掌心上去看看，
看神仙到底是个什么样子。

怕太太的男人，哪里是真怕——
疼惜是原因，省了麻烦是高妙。
欺辱丈夫的妻子，那份吃定了的霸气，
可真是不疼不惜不怕麻烦。

丈夫在外伤害社会，欺负弱小善民，
做太太的明知也不理。
一旦丈夫在外认真有了红尘知己，
那个太太一定拿性命来拼——
不是你死就是我亡。
所谓大义灭亲也。

忍耐的女人，
男人很少看在眼里，还有可能要轻视。

忍耐的男人，

女人又说他没有用，一样看不起。

对待女人——结了婚之后的太太，

甜言蜜语固然有助婚姻美满，

可是倒不如按月缴上薪水袋来得管用。

对待男人——结了婚的丈夫，

洗衣煮饭固然有助婚姻美满，

可是倒不如始终轻言好语来得有效。

女人在家噜噜苏苏男人受不了。

女人一旦回娘家，

男人少了那根肋骨，

才知坐也不是，睡也不是。

不结婚的女人越来越多，

这表示了什么？

丧妻立娶的男子古来皆是，

这又表示了什么？

女人和男人的战争，开始在洪荒。

女人和男人不打仗，

又活得实在没有意思。

女人和男人——真难。

男男女女都是上帝用心缔造的艺术群体。

力拔山兮气盖世，田土在上，强力在下，以力托起世间尘埃的，便是男。

嬛嬛一袅楚宫腰，姿态袅娜，曼妙妖娆，以莲步轻摇倾倒凡尘的，便是女。

男与女这样多的讲求和繁复论调，终也是简单至极的：

一撇一捺一个人。

人

我最喜欢别人将我看成傻瓜。

这样与人相处起来就方便多了。

我不劝任何人任何事。

其实，每一个人对自己的作为只是假糊涂而已。

对待一个恶人退让，结果使他得寸进尺。

对待一个傻子夸奖，结果使他得意忘形。

世界上最公平的美事在于：

聪明人扬扬自得。

糊涂人也不认为自己差到哪儿去。

社会上最不公平的看法就是：

摆在眼前一个自私自利，毫无道德良知，

随时随处麻烦他人，占尽一切便宜的小人，

一般只将这类人称为——“不懂事”。

而对待一个胸襟宽厚，善待他人，

凡事退让，况且心存悲悯，乐于助人的真诚君子，
一般人说起来只得一句——
这个人嘛！不过是会做人而已。

“平凡人”和“枯燥人”绝对是两种人。
大半枯燥人都夸说
自己平平凡凡。

最令人惧怕的一类人，在于性格的不明显。
在这件模糊的外衣之下，
隐藏着的内在人格又是什么呢？

好邻居重要。
好亲戚也重要。
将亲戚请来做邻居，
往往亲戚和邻居都成仇人。

化妆有助气色，无助气质。
有家产和有家教没有太大关系。

从容不迫的举止，
比起咄咄逼人的态度，
更能令人心折。

人情冷暖正如花开花谢，
不如将这种现象，想成一场必然的季节。

如果我们能够做得到将丈夫当成好朋友，

将朋友看成手足，将手足当成自己真正的手和脚，

将子女看成父母，将父母看成心爱的子女……

这些人际关系，可能不是目前的这个局面了。

问题出在：谁会这么颠三倒四地去做傻瓜？

做过上千次人性试验之后，

对于任何一次必然重演的失败，都抱着一种信念——

起码这个试验又做了一次。

婴儿诞生，

一般人并不知晓婴儿的未来，可是都说——

恭喜！恭喜！

某人死了，

一般人也不明白死后的世界，却说——

可惜！可惜！

生亦何欢，死亦何哀。

生来：受一世凄苦，半生劳碌，不知为何总是喜。

死去：得清远宁静，永恒休憩，不知为何总是哀。

生得喜悦，当是清晨的阳光一般，带着光明的使命，以价值体现为喜、为乐。

死得哀伤，当是迟暮的落霞一般，带着一世的最后一次绽放，以永别山河为哀、为悲。

生也过了，死也过了，快活也过了，悲痛也过了，这便是一次完整的人生了。

三毛履历

1943年——1岁：3月26日（农历2月21日）三毛生于重庆市南岸区黄桷垭正街，父亲为她取名陈懋平（“懋”为族谱排行，“平”是父亲在战乱时期希望得到和平的期许）。

1946年——3岁：随父母迁至南京，在家中的书房里开始人生的第一次阅读——《三毛流浪记》。后因为“懋”字繁杂难写，固执地更名陈平。

1948年——5岁：南京总统府被炸，时局动荡，三毛举家坐轮渡迁至台湾，后被父母送进台北国民小学开始读书，五年级下学期首次阅读《红楼梦》。

1954年——11岁：升入台北静修女中，半月后，因升学成绩单审批的纰漏被核实，正式进入台北最好的中学——台湾省立女子中学。

1955年——12岁：以中等成绩升入初二，之后成绩突飞猛进，受到老师质疑。三毛不满，与老师发生争执，后来受到老师用墨水在脸上画鸡蛋的羞辱，开始逃学，直至休学。

1956年——13岁：经过父母劝导，一度又去学校，后因精神自闭正式休学，开始大量阅读世界名著，并开始跟着父亲学习英语和诗词古文。

1961年——18岁：开始跟随油画大师顾福生学习素描。

1962年——19岁：素描作品不成形，顾福生直接让她放下铅笔，开始油画艺术熏陶。同年，三毛的处女作《惑》被顾福生推荐给白先勇，得到赏识，以陈平名义发表于《现代文学》。

1963年——20岁：顾福生赶赴美国进修，三毛被转到韩湘宁老师处学画，后韩老师出国，又被转到彭万墀老师处学习美术基础知识，并在学习期间，画作在一次美术比赛中获得铜奖。

1964年——21岁：进入张其均先生创办的文化大学，以旁听生身份开始学习哲学，成绩十分优秀。

1965年——22岁：与同校的学长舒凡（本名梁光明，后成为知名作家）开始初恋。

1967年——24岁：向舒凡逼婚失败，一个人决绝离国，飞去西班牙马德里文哲学院留学。后在圣诞节与正在上高中的荷西结识。

1969年——26岁：只身去往德国，就读于歌德学院。

1971年——28岁：在美国伊利诺伊州立大学法学图书馆上班，岁末回到台湾，受聘于文化大学德文系和哲学系。

1972年——29岁：在网球场结识一名德裔教师，并与之相恋。后在结婚前夕，此男子突发心脏病猝死。三毛经不住悲伤，再度去往西班牙，在朋友家中又见荷西，并与之相爱。

1973年——30岁：初到沙漠，与荷西会合，是年7月，两人在西属撒哈拉沙漠小镇阿雍正式结婚。同年10月6日，第一次以“三毛”为笔名，发表沙漠题材作品《中国饭店》。

1976年——33岁：摩洛哥、撒哈拉威、西班牙、毛里塔尼亚乱战爆发，三毛从沙漠逃至对面的加纳利岛。同年5月，三毛的沙漠作品集《撒哈拉的故事》在皇冠出版社印刷出版。

1977年——34岁：跟随荷西在拉各斯工作8月，后被老板欺骗，只得到不足4个月的薪水。

1978年——35岁：随荷西到特内里费岛工作，一年岁月静好。

1979年——36岁：2月，荷西到拉芭玛岛工作，一周后三毛赶去。7月，三毛父母到来，9月，三毛陪父母在伦敦旅行，当月30日凌晨，得到荷西潜水身亡的噩耗后返回拉芭玛岛，两日后，荷西的尸体被打捞上岸。荷西下葬后，三毛与父母一同回台。

1980年——37岁：5月，再次返回加纳利岛与荷西的家里，开始孀居的阴暗生活。

1981年——38岁：回到台北定居，是年11月，《联合报》赞助三毛前往中南美旅行半年。后写成第一部游记散文《万水千山走遍》，并开始环岛演讲。次年10月，在台北文化大学中文系文艺组任教，教授小说创作和散文习作两门课程，深受学生爱戴。

1984年——41岁：因身体抱恙，从学校卸职，赴美度假，在当地一家学校学习英文，后将这一段经历写进《闹学记》。

1985年——42岁：同时负责4本书、一张唱片的歌词、一个新家的装修，好友与母亲又同时住院，三毛在繁杂的事务中体力不支，精神紊乱，进入台北荣民医院神经内科治疗17日，病愈后再度出国。

1986年——43岁：将加纳利岛的房子低价卖掉后回国，正式在台北定居。是年10月，被评为“最受读者喜爱作家”。

1988年——45岁：6月12日，给《三毛流浪记》作者张乐平先生去信，次年4月回大陆探亲，到上海后亲自去拜会老人，并将老人认作父亲。同年，开始《滚滚红尘》剧本创作。

1990年——47岁：4月到新疆拜会“西部歌王”王洛宾，并与之一见如故，之后回到台北，与老人3个多月通信6封。8月23日，再度到王洛宾住处，与其相处两周后回台。是年岁末，电影《滚滚红尘》获金马奖8项大奖，三毛的最佳编剧奖只被提名，后落选。

1991年——48岁：1月初，三毛因子宫内膜肥厚入院检查，后手术进行顺利。4日凌晨，三毛因被注射麻醉剂又同时服食安眠药而精神紊乱后，在医院的卫生间以肉色丝袜绞颈窒息死亡。

享年，48岁。